# RECUEIL

DE

## POÉSIES CALVINISTES

(1550-1566)

PUBLIÉ PAR

P. TARBÉ,

CORRESPONDANT DE L'INSTITUT.

---

REIMS

—

1866.

# RECUEIL
DE
POÉSIES CALVINISTES

(1550-1566).

# RECUEIL

DE

## POÉSIES CALVINISTES

(1550-1566)

PUBLIÉ PAR

## P. TARBÉ,

CORRESPONDANT DE L'INSTITUT.

---

**DEUXIÈME ÉDITION.**

**Homicide point ne seras
De fait ni volontairement.**

REIMS

—

1866.

# PRÉFACE.

Parmi les manuscrits par nous consultés, lorsque nous composions le *Romancero de Champagne*, se trouve une suite de quatre volumes in-folio, appartenant à la bibliothèque de la rue Richelieu (fonds Gaignières), et connus sous le titre de *Collection de Rasse de Nœux, guerres civiles*. En feuilletant ces curieuses pages, nous avons bien vite reconnu que le moindre de leur mérite était de nous offrir quelques vers historiques de nature à rentrer dans notre cadre.

Nous y rencontrions des poésies de toutes formes, écrites en langues diverses, ayant une tendance singulière, un aspect étrange : leur grand nombre, leur air de famille leur donnaient une valeur augmentée par l'imprévu de leur caractère.

Facile fut de comprendre l'importance que pouvait avoir leur publication. Nous les avons copiées ; et réunies à quelques autres œuvres de la même école, puisées dans des sources connues, elles forment le volume qu'aujourd'hui nous offrons aux amis de notre vieille histoire.

Un mot d'abord sur l'auteur de cet intéressant recueil. — Né vers 1480, en Belgique, chirurgien des rois François Ier, Henry II, François II et même de Charles IX, Rasse de Nœux mourait en 1560. De Catherine Juvenal, son épouse, il avait eu cinq fils (1) ; l'un d'eux, François Rasse de Nœux, suivit la carrière de son père ; il embrassa le protestantisme, et fut chirurgien de la reine de Navarre. C'est lui qui paraît avoir formé la collection dont il s'agit, véridique, mais triste monument de nos guerres civiles. Erudit, lettré, lancé dans le grand monde, un pied à la Cour, l'autre dans le tourbillon de la vie active, il prit sa part des évènements de son siècle. Esprit mordant et frondeur, il se fit un malin plaisir de rassembler épigrammes, satires, calomnies rimées, menaces en vers enfantées par les poètes calvinistes contre leurs ennemis. Au milieu de ces œuvres aux dents aiguës, à la pointe acérée, se trouvent des poèmes religieux, des sermons prononcés au prêche, des documents politiques. Toutes les lignes de ce recueil n'ont pas l'air farouche du puritanisme ; de temps à autre, le lecteur rencontre avec plaisir de spirituelles plaisanteries, des rimes gaillardes, de lestes couplets. Au besoin, on glanerait dans ces quatre volumes les éléments d'un livre, dont le titre pourrait être : *Les Huguenots en belle humeur.*

A toutes ces joyeusetés des anciens jours nous ne toucherons pas : qu'apprendraient-elles au lecteur ? Les calvinistes du XVIe siècle avaient beau s'appeler les saints, ils n'avaient pas secoué complètement la peau du vieil homme. Le cas échéant, ils se montraient bons compagnons, et point n'est besoin de rappeler que quelques-uns d'entre eux furent des galants assez verts.

Mais les textes que nous éditons ont un cachet tout autre : jamais ils n'amènent un sourire sur les lèvres ; point ils ne sont l'œuvre d'aimables chansonniers, auxquels on pardonne quelques méchancetés parce qu'elles sont gaies : ces poésies sont les filles de la haine et de la calomnie ; elles professent la théorie de l'assassinat politique ; elles chantent la gloire du tyrannicide.

Le Dieu créateur du monde a dit à l'homme : — « Homicide point ne seras, » — c'est-à-dire : Tu ne sacrifieras

---

(1) Epitaphe de Rasse de Nœux. — T. II de la collection, p. 85.

personne à tes caprices, à tes regrets, à tes espérances. — Aussi tous les codes écrits par les peuples civilisés ont recueilli dans leur sein la sentence de l'Eternel. Tous, suivant les temps, les lieux, les mœurs, ont précisé les cas où la société avait le droit de prononcer la peine de mort. Là se trouvait la sauvegarde des nations, le rempart du faible contre le fort, la digue qui devait briser le torrent des passions brutales : et dès lors quiconque se crut le droit, à l'aide d'un coup de poignard, d'accomplir un acte de fantaisie, viola toutes les lois divines et humaines. Honte et châtiment lui furent dus ; c'était un assassin.

Dans un pays où règne le despotisme, le souverain peut avoir le droit de vie et de mort; mais cependant à une condition, c'est qu'il n'aura pas donné de lois à ses peuples ; c'est qu'il n'aura pas remis à la magistrature le pouvoir de rendre justice ; c'est qu'aucun texte légal n'aura réglé la forme des procédures judiciaires, fixé d'avance les peines réservées aux crimes.

Le vieux monde méconnut ces principes, et pendant longtemps le paganisme s'inclina tantôt devant le coup d'état porté de la main du pouvoir, tantôt devant le coup de stylet donné par la rebellion : comme si l'ordre pouvait naître d'une violence, la liberté d'un attentat aux lois ; comme si chaque triomphe de la force brutale ne déposait pas une tache sur le drapeau de l'humanité.

Les Grecs, gens de passion, braves soldats, artistes habiles, mais plus riches d'esprit que de bon sens, crurent au droit du tyrannicide ; leurs mœurs l'acceptèrent, comme elles admirent les fêtes dissolues de leurs dieux débauchés. — Incapables de conserver de bonnes lois, ils eurent pour ceux qui poignardaient les tyrans des odes, des médailles, des statues ; aussi réussirent-ils à tomber tour-à-tour sous le joug de la tyrannie, sous le règne de l'anarchie ; aussi finirent-ils par être les esclaves et les baladins de Rome.

Les Romains, à leur tour, corrompus par la victoire et le luxe, eurent la lâcheté d'acclamer dans César l'homme qui foulait aux pieds les lois de la patrie : dès ce jour, ils commencèrent à descendre les degrés de l'échelle sociale ;

et plus tard ceux qui, sans mission légale, poignardèrent l'usurpateur, achevèrent l'œuvre de l'abaissement national. Vils courtisans de l'ambition audacieuse et triomphante, et criminels usurpateurs des pouvoirs réservés aux magistrats, tous également fondèrent le règne des despotes, et les petits-fils des uns et des autres n'eurent plus qu'à baiser les pieds de leurs empereurs ignobles ou féroces, tels que les leur infligeait le châtiment du ciel.

Mais au moment où s'ouvrait l'ère de la décadence romaine, le Christ avait dit : — « Rendez à Dieu ce qui est à Dieu, et à César ce qui est à César ; » — et dès lors aux sillons boueux du vieux monde fut confié le pur germe qui devait donner à l'avenir le spiritualisme politique, la civilisation, le culte de la loi.

Soutenir que depuis ce jour les passions humaines, domptées par le christianisme, ont toujours et partout baissé respectueusement la tête devant le sceptre de la légalité, serait un orgueilleux paradoxe. Sur la terre, la lutte du bien contre le mal, la lutte de la volonté brutale contre la conscience intellectuelle, seront sans fin. Aussi l'Eglise, la fille du Christ, n'a cessé, ne cessera de combattre pour faire triompher les principes posés par le Seigneur, pour protéger la faiblesse contre la force, le droit contre la violence.

Si quelques théologiens, dans les mauvais jours du Moyen-Age, et quelques siècles avant nos guerres de religion, ont cru pouvoir donner à l'homme le droit de s'affranchir par le meurtre d'un maître despotique, ils se sont trompés. Leur erreur prouve que, de leur temps, le respect des lois avait faibli devant les violences du régime féodal. Ils ont écrit dans un de ces moments de défaillance où le malheur, l'humiliation, le désespoir font parfois trébucher l'homme le plus fort ; mais jamais ils n'ont encouragé le déchainement des passions individuelles, l'abus ou la puissance royale, l'abus de la puissance populaire ; ils ont, de plus, entouré leur opinion de restrictions telles que l'application en est presque impossible. Mais, quelles que soient leurs réserves, leur système n'est que l'égarement d'un libéralisme exalté par les misères de leur temps.

Cette doctrine de la résistance désespérée à la tyrannie se trouve en germe dans la 28° lettre adressée au pape Urbain II par saint Yves, évêque de Chartres, celui qui lutta bravement contre les passions de Philippe I<sup>er</sup> (1095-1115). Saint Bernard fait allusion aussi à ce moyen brutal de combattre le despotisme (1093-1153). — On rencontre cette théorie dans les œuvres de Jean Petit, dit de Salisbury, le secrétaire de Thomas Becket, le compagnon de ses malheurs et de sa résistance aux persécutions du roi d'Angleterre. Il mourait en 1182. Mais le droit de renverser par le meurtre la tyrannie sans lois est surtout posé dans les œuvres de saint Thomas (:227-1274). — Voici sa thèse : « Si l'on ne peut avoir recours à une autorité supérieure qui fasse justice de l'usurpateur, alors celui qui le tue, pour délivrer la patrie, est loué et mérite une récompense..» — Cette opinion, que n'ont pas repoussée saint Bonaventure (1221-1274), saint Raymond de Pegnafort, général des Dominicains, saint Antonin, archevêque de Florence, né en 1389, fit école ; et les Thomistes admirent plus ou moins ce système, dont l'application, toutefois, est réduite au cas où les lois sont impuissantes. — Simple paragraphe des discussions soulevées par l'homicide en général, fait pour les arguties du professorat théologique, il ne fut invoqué comme point de droit que lorsque M<sup>e</sup> Jehan Petit, avocat du duc de Bourgogne, voulut justifier ce prince d'avoir fait assassiner le duc d'Orléans (8 Mars 1408). Dès qu'on en fit l'application, on en comprit le danger, et l'archevêque de Paris se hâta de le flétrir et d'en demander la condamnation par le parlement de Paris. Anathématisée par le concile de Constance, cette théorie fut déclarée mauvaise, pernicieuse et coupable par trois arrêts de 1414 et de 1416.

Jean Charlier de Gerson (1363-1429), l'énergique antagoniste de Jean Petit, n'en fut pas moins l'un des adversaires les plus intrépides des tyrans et proclamait que leur trépas était agréable à Dieu. Mais de leur trépas à leur assassinat il y a loin. La thèse de saint Thomas, quoiqu'elle fût bien et dûment condamnée par l'Eglise et les parlements, n'en resta pas moins matière à discussion dans les chaires de théologie. Donc elle fut encore discutée par quelques théologiens plus amis des subtilités de la scholastique que des principes de l'Evangile. — Citons Jean le Maire ou Major

(1468-1550), — Cajetan, — Dominique Solo (1496-1560), — Sylvestre Mazolini (1480-1530), d'autres encore qui distinguaient les usurpateurs et les rois légitimes, les tyrans de droit, les tyrans de fait, les tyrans d'administration. Mais ces sophismes politiques et religieux ne furent jamais que des opinions individuelles, renfermées dans des textes inédits jusqu'au milieu du XVI° siècle, connus seulement des lettrés, des théologiens, et condamnés par tous les hommes de vrai savoir, de sens moral.

Même au milieu des misères qui désolèrent la France dans les XIV° et XV° siècles, jamais l'Eglise n'a dit aux Français : — Vous avez le droit de tuer qui vous gêne, qui vous opprime ; et nos pères arrivèrent au cœur du XVI° siècle sans songer que la théorie de l'assassinat politique pût entrer dans les moyens avouables de lutter contre les abus du pouvoir, un moyen de se débarrasser d'un obstacle ou d'une résistance.

La découverte de l'imprimerie avait mis en circulation les trésors de l'intelligence humaine : elle divulgua de même ses erreurs, ses folies ; les sophismes, jusqu'alors discutés dans les cloîtres, dans les salles universitaires, tombèrent dans le domaine public, et un jour vint où, fort ou faible, faux ou fanatique, l'esprit humain put discuter les opinions les plus hasardées et les conduire aux dernières limites de l'extravagance et de l'immoralité.

La théorie de l'assassinat politique devint une plaie sociale ; mais ce ne fut pas en France que cette sanguinaire aberration reprit d'abord naissance. « Si veut la loi, si veut le roi, » disait-on sur notre sol, terre natale de la légalité. Dans notre patrie, il n'y avait pas de tyran. Dès le XIII° siècle, nos rois avaient remis aux parlements, aux bailliages le droit de faire seuls justice, et depuis le règne de Louis IX, la magistrature française avait fait son devoir, défendant pied à pied nos lois, notre indépendance, notre nationalité contre l'anarchie, l'invasion étrangère, la soif du pouvoir et la plus vile des passions humaines, la cupidité.

C'est en Italie que la théorie et la pratique du meurtre politique revirent le jour. Les usurpations, les actes de despotisme, les luttes sociales, les rivalités ambitieuses, tous les caprices qui foulent aux pieds les lois divines et humaines firent appel à l'assassinat, et l'homme du poignard, l'homme du guet-à-pens, devint une puissance ; on le nomma *le bravo*. Ce que cette défaite du sens moral amena de honteuse démoralisation, nous ne le dirons pas. A chaque nation ses fautes, à chaque faute son châtiment.

Après la mort de Louis XI, les Français, las de repos, n'ayant plus à faire ni croisades, ni guerre à l'Anglais, gens inquiets, avides d'aventures et de périls, reprirent le chemin de Brennus, passèrent les Alpes ; et nos gens d'armes victorieux parcoururent l'Italie du Piémont jusqu'à Naples. Ce que les soldats de Charles VIII y gagnèrent, chacun le sait : ce qu'en rapportèrent les preux de Louis XII, de François I<sup>er</sup>, de Henry II fut encore pis.

En présence de mœurs dépravées, de violences honteuses, ils ne surent pas résister à la contagion. Le mariage de Henry II avec Catherine de Médicis mit le mal au comble (1) ; il amenait en France les Italiens, leurs habitudes et leurs théories ; aussi bientôt après disait-on :

> France, qui as de ta mamelle infâme
> Receu, couvert et par trop allaicté
> La vitieuse semence de Toscane (2).

Sans doute le caractère français lutta contre cette invasion qui devait laisser dans notre histoire des traces aussi cruelles que celle des Anglais ; sans doute l'honneur de nos soldats se révolta longtemps contre l'idée de frapper un homme par-derrière, dans son lit, au coin d'un bois ; sans doute le caractère chevaleresque des vrais preux, des hommes

---

(1) « Qui plus est, s'il arrive quelque maquereau ou maquerelle, si quelques ruffien et garnement propre à inventer quelques nouvelles vilenies se présente (à la Cour de France), on le void, en moins de rien, estre des plus favorisés, surtout depuis que la royne-mère a eu le gouvernement du royaume. Il y est entré une telle fourmilière d'Italiens, spécialement à la Cour, que plusieurs l'appellent maintenant la Franc-Italie, les autres colonie et esgout d'Italie. » Simon GOULART, *Mémoires de nostre temps*, fol. 196.

(2) Manuscrit de la collection Dupuy. — *Bulletin de la Société de l'hist. du protestantisme français*, t. I, p. 151.

d'élite, comme la France en a toujours, saura mépriser les fatales leçons de l'étranger et sortir pur de cette terrible épreuve ; mais la funeste semence rapportée d'Italie n'en va pas moins sur notre sol germer, grandir et porter des fruits odieux. La haine à froid, la vengeance, la peur, vont s'accoutumer aux idées les plus lâches ; bientôt sous le ciel qui vit naître Duguesclin, Jeannne d'Arc et Bayard, on eut le malheur de voir apparaître des assassins fanatiques et, ce qui pis est, des assassins à gage ; et pour comble de dégradation, comme dans la Grèce païenne, on entendit des hommes chanter les mérites du guet-à-pens, les gloires de l'assassinat.

A qui faut-il s'en prendre ? — D'abord à la faiblesse humaine ; depuis la création du monde, il n'est pas de folies qu'elle n'ait rêvées, pas d'extravagances qu'elle n'ait exécutées : vainement les lois du Seigneur, celles de l'homme; vainement le cri de la conscience, la force de l'éducation se liguent pour la maintenir dans la voie du devoir. Il est des jours où la malheureuse ne peut s'empêcher d'écouter, quand vient à son oreille murmurer la voix du tentateur.

Mais qui donc, au XVIe siècle, a réveillé la théorie du tyrannicide ? — Si vous interrogez les ennemis systématiques du catholicisme, les adversaires de la vieille monarchie, ils vous répondront : — Les disciples de l'assassinat politique sont les catholiques ; les professeurs qui l'enseignent, sont leurs prêtres, les enfants d'Ignace de Loyola (1).

(1) « Mais, hélas ! en 1793, c'étaient quelques monstres issus de la politique qui faisaient couler le sang innocent ; et le clergé catholique offrait alors à la fureur révolutionnaire des victimes expiatoires ; tandis qu'en 1574, il dirigeait le poignard et ajustait l'arquebuse. » — *Bulletin de la Société de l'histoire du protestantisme français*, t. I, p. 72.

« On sait que la société d'Ignace de Loyola a souvent professé certaines maximes sur l'art de ruiner ses ennemis par la calomnie, que le Basile de Beaumarchais a parfaitement résumées et appréciées dans sa fameuse tirade sur les effets de cette arme meurtrière ; on sait aussi que les révérends Pères n'ont jamais manifesté d'horreur pour les massacres qu'on a faits de temps à autre des populations hérétiques. Il y a même quelques traditions historiques qui pourraient leur faire attribuer plus que la théorie de l'assassinat *ad majorem Dei gloriam*. Ce qu'il y a de certain, c'est que leurs casuistes ont justifié tous ces crimes, à la seule condition

*Errare humanum est :* le savoir, l'éloquence, le courage, les vertus n'ont et n'auront jamais le pouvoir d'affranchir la pauvre humanité, partout et toujours, des défaillances de l'esprit.

Le droit de juger, de condamner et de tuer les tyrans est, en effet, mis en thèse dans les œuvres de quelques jésuites. Discutée par les uns, admise par les autres, souvent réduite à des cas irréalisables, parfois renfermée dans un cadre où sont, depuis quatre-vingts ans, entrés sans hésiter les chefs de nos révolutions, cette théorie constitue un des griefs les plus sérieux élevés contre la Société de Jésus.

Mais elle n'a jamais été qu'une erreur individuelle ; les jésuites eux-mêmes l'ont dénoncée franchement à leurs généraux (1599). Elle fut solennellement condamnée par l'ordre et ses chefs (Juillet 1610), et jamais l'Eglise catholique n'a cessé de flétrir cet attentat aux principes de la religion chrétienne, aux lois de la société française.

Mais entre les casuistes du Moyen-Age et ceux de la Société de Jésus personne n'a-t-il professé le droit d'assassiner un tyran? Les écrivains de l'école libérale sont-ils bien sûrs qu'avant le meurtre de Henry III. personne n'ait chanté la gloire du bravo politique ?

Alors que dans le XVIe siècle les apôtres du libre examen et du rationalisme crurent avoir la mission de tout mettre en question et d'ébranler d'un seul coup la foi religieuse et la foi monarchique, les points de droit les plus sérieux furent remis à l'appréciation de toutes les intelligences, fortes ou faibles, saines ou malades, froides ou exaltées : aussi les opinions les plus étranges, les plus coupables furent bientôt professées par les apôtres de la Réforme, alors que des jésuites accusés d'avoir accepté la théorie du tyrannicide, les uns n'étaient pas nés, les autres n'étaient pas d'âge à peser sur les idées de leur temps ; leurs ouvrages ne devaient

que l'intention qui les faisait commettre fût légitime. » — Même ouvrage, t. IV, p. 141. — A. REVILLE.
Nous pourrions multiplier nos citations : le lecteur suppléera facilement à celles que nous ne faisons pas. Depuis plus de cent ans, cette thèse est celle du libéralisme.

voir le jour que longtemps après le moment fatal où l'assassinat politique devint une arme, l'application d'un prétendu droit, un titre à la gloire sur la terre, au repos éternel dans les cieux (1).

Si l'on croyait voir dans notre publication une attaque, on se tromperait. Nous ne donnons pas l'assaut, nous le repoussons. Depuis longues années, les hommes de la Révolution, pour faire tomber nos autels séculaires et déraciner notre vieux chêne monarchique, ont, par des moyens que la postérité qualifiera comme ils le méritent, dénaturé l'histoire de notre pays ; pour entretenir des antipathies qu'ils exploitent au profit de leur bannière, ils n'ont cessé de faire revivre la mémoire de nos plus tristes légendes. Au point de vue politique, ils ont triomphé. Qu'on permette aux vaincus de leur faire le salut des gardes françaises aux grenadiers de l'Angleterre dans les champs de Fontenoy ; qu'on nous permette de répondre au feu de ceux qui ont tiré les premiers, de ceux qui ne cessent de tirer sur nous.

Si de notre recueil pouvait sortir la preuve qu'au XVIe siècle, les erreurs, les fautes justement reprochées à nos frères en religion, en politique, furent d'abord celles de ces hommes qui se disaient des saints, les élus de Dieu, les apôtres de la raison, peut-être nos adversaires, — et nous le déclarons nettement, ce ne sont pas les calvinistes que nous appellons ainsi, — seraient-ils moins confiants dans leurs agressions, moins pressés d'évoquer à l'avenir le sanglant fantôme du passé.

Tous ces enfants de la plume et de l'épée, qui, — trois siècles ont passé depuis, — guerroyèrent en l'honneur de Rome et de Genève, sont nos ancêtres : puisse venir le jour où l'on ne dira plus, avec quelques publications protestantes : — Où sont nos pères ? — mais : Respect à nos pères ! Puisse venir le jour où leurs descendants, las de divisions intestines, se diront l'un à l'autre : — Frère, donne-moi la main.

A l'appui de notre thèse, nous donnons des poésies écrites de 1550 à 1566, recueillies par un calviniste. —

(1) Voyez la note placée à la fin du volume.

Des poésies, des couplets! — Choses légères, dira-t-on.—
Peut-être. — Qu'on remarque d'abord qu'il ne s'agit ici
de condamner personne à partir pour l'exil, ou pour le
bûcher, pas même à faire amende honorable. Les morts
sont morts, qu'ils reposent en paix! — Nous cherchons
à résoudre un problème historique : rien de plus, et, pour
y réussir, toutes preuves honnêtes sont bonnes.

Dis-moi ce que tu chantes, je te dirai qui tu es. —
Aussi des chansons sont-elles de vrais monuments légendaires; aussi, de nos jours, chaque province, chaque peuple, chaque parti recherchent-ils avec ardeur celles qui lui furent propres (1). En France surtout, la chanson est la forme la plus populaire de la poésie nationale. Ses couplets courts et malins se gravent rapidement dans la mémoire, courent de bouche en bouche, surtout, il faut l'avouer, s'ils volent sur les ailes de la calomnie, s'ils s'adressent aux mauvaises passions. Les chansons d'une époque sont le miroir de ses idées, l'écho de ses regrets, de ses espérances; on y trouve l'esprit des factions, l'âme des sectes, leurs théories, leurs plans, le cri de leurs sympathies, le rugissement de leurs haines. Et quand, un jour, les flots de l'agitation mondaine soulevés par l'ambition, la cupidité, l'intrigue, la vengeance, sont tombés devant le dernier mot de la Providence, quand le passé s'éloigne et laisse entrevoir un horizon calme et pur, aux clameurs de la foule aveugle ou stupide, au bruit du canon et du tocsin, aux plaintes des blessés, au dernier soupir des mourants, la Chanson survit, traverse fièrement les siècles, et sans crainte enseigne aux Français d'un autre âge ce que furent les gens qui chantaient avant eux.

Avant de discuter la portée des poésies contenues dans ce volume, exposons rapidement les fatales circonstances au milieu desquelles elles virent le jour.

(1) « Nous profitons de l'occasion pour demander à nos collaborateurs de vouloir bien nous signaler ou transmettre toutes les chansons huguenotes, chansons spirituelles, cantiques historiques, complaintes, etc., des trois derniers siècles, qu'ils pourraient recueillir, soit dans les imprimés et les manuscrits, soit dans la tradition populaire. Nous désirons être à même d'en former une

« C'est un malheur pour les états, quand il y a trop de grands hommes : incapables d'obéir les uns aux autres, ils secouent l'autorité légitime ; puis, après avoir essayé de se partager l'autorité, ils finissent par renverser l'Etat (1). » — Si l'illustre écrivain, auquel nous empruntons ces lignes, eût écrit un siècle plus tard, il eût vu que, pour amener une catastrophe sociale, la concurrence des grands hommes n'est pas même nécessaire.

Il suffit, pour précipiter les peuples dans le ravin des révolutions, que dans leur sein se trouvent des médiocrités jalouses, des intrigants égoïstes, des charlatans sans pudeur. Il suffit que le libre examen ait brisé le faisceau de l'autorité, que l'individualisme, affranchi des liens sacrés du devoir traditionnel, ait dit tout bas : — Et moi ! — et tout haut : — Qui sait ?

Quand François Iᵉʳ mourut, déjà depuis quelques années le scepticisme religieux avait envahi l'ancien monde, et dès la première moitié du XVIᵉ siècle, les pères des idées nouvelles avaient eu la satisfaction de voir la vieille Europe divisée en deux familles ennemies. La France n'avait pu se garantir du mal : des efforts violents et maladroits tentés pour arrêter la marche du torrent n'avaient fait que la précipiter ; et bientôt nos autels furent ébranlés dans leurs assises, le trône de nos rois trembla sur ses pieds.

Des ambitieux de toutes les tailles sentirent facilement tout ce que leur offrait de chances heureuses une société légère par droit de naissance, devenue sceptique par droit de conquête ; et sans vergogne, ils donnèrent à leurs contemporains le spectacle aussi ridicule qu'odieux d'une lutte religieuse où la religion n'était qu'un masque, d'une guerre civile où le patriotisme n'était pour rien : aussi, quelques années après le commencement de ces honteuses misères, un soldat disait-il avec une verte franchise : — « Si la reyne et M. l'admiral estoient en ung cabinet, que feu M. le prince et M. de Guise y fussent aussi, je leur ferois

---

collection aussi complète que possible. » — *Bulletin de la Société de l'hist. du protestantisme*, t. VI, p. 18.

(1) HÉNAULT, *Abrégé de l'histoire de France*.

confesser qu'autre chose que la religion les a meus à faire entretuer trois cent mille hommes, et je ne sais pas si nous sommes au bout (1). »

Les guerres de François I<sup>er</sup> contre Charles Quint avaient formé de grands capitaines ; en France, s'il est une vertu qui ne périt jamais, c'est la bravoure ; s'il est un mérite qui reparaît sans cesse, c'est le génie militaire : aussi, vers le milieu du XVI<sup>e</sup> siècle, les sympathies de la foule, celles des gens d'armes se partageaient-elles entre quelques généraux d'une valeur incontestable, presqu'égaux par la position et la naissance, tous chargés de lauriers, tous fiers d'un passé qui se mêlait glorieusement à l'histoire du pays.

Citons d'abord Anne de Montmorency, connétable de France, comme ses pères le soutien de la monarchie légitime, le champion inébranlable de l'unité religieuse : autour de lui se groupaient ses cinq fils, tous braves officiers. L'un d'eux portait déjà le bâton de maréchal de France.

Près de cette glorieuse famille, dans les mêmes rangs, plaçons le maréchal d'Albon de Saint-André, bonne tête et bonne lame, grand seigneur, ami du luxe et des arts.

En face d'eux se dressait l'amiral Gaspard de Châtillon, plus connu sous le nom de Coligny, esprit ardent, impressionnable, militaire habile, conseiller sage quand il était maître de lui.

Au-dessus d'eux tous brillait François de Lorraine, duc de Guise, l'enfant chéri de la Victoire, jeune d'âge, mais illustré par de nombreux succès, prince à la hauteur de sa naissance, à la hauteur des grandes occasions ; aîné d'une nombreuse famille, rameau de cette lignée ducale de Lorraine, dont le berceau se perd dans la nuit des âges ; du chef de sa mère, Antoinette de Bourbon, il tenait à la famille de France, la plus ancienne, la plus noble des maisons royales.

Il avait pour frère Charles de Lorraine, archevêque de

(1) *Mémoires du maréchal Blaise de Montluc*, t. III, p. 371. — Il s'agit de la reine Catherine de Médicis ; — Gaspard de Châtillon, sire de Coligny, amiral de France ; — Louis de Bourbon, prince de Condé ; — François de Lorraine, duc de Guise.

Reims, prélat instruit, orateur brillant, premier ministre sous trois rois.

Tous deux avaient la conscience des services qu'ils avaient rendus à la patrie. Leur tort était peut-être de les faire payer trop cher.

Aux côtés de Henry II et de ses enfants trop jeunes pour comprendre ce qui se passait autour d'eux, se trouvaient les princes du sang, MM. de Bourbon, nombreux et bons soldats ; ils n'avaient pas le mérite du duc de Guise et ne savaient pas se résigner à se voir ses inférieurs en crédit à la Cour, en popularité devant la nation. A leur tête étaient leurs aînés, Antoine de Bourbon, roi de Navarre; Louis, son frère, prince de Condé.

Tel étaient les principaux acteurs debout sur la scène politique, quand éclatèrent les événements, malheurs de nos pères, honte de notre histoire. Tous avaient rendu des services réels, tous en demandaient le prix souvent et sans mesure. Leurs prétentions rivales croissaient en exigences à mesure que la monarchie perdait son autorité personnelle. Contenues sous François I$^{er}$, elles devinrent audacieuses sous Henry II, et se révoltèrent sans pudeur quand le sceptre de saint Louis tomba successivement dans les mains de deux enfants.

Pendant que des rêves d'ambition et de jalousie troublaient le repos des grands et menaçaient celui de la patrie, un autre mal avait pris racine en France. Le protestantisme agitait la nation, et le droit de tout discuter auquel il prétendait, inquiétait les consciences. Sous le masque de la Réforme on devinait la face de la Révolution.

On lutta d'abord de part et d'autre avec des brochures, des sermons, des menaces ; puis la colère prit la place de l'argumentation. Bientôt le fanatisme enfanta de farouches sectaires, de violents iconoclastes. L'autorité s'alarma, s'irrita. On eut recours à des mesures rigoureuses, mais précisées dans des ordonnances régulières en la forme, obligatoires suivant les institutions des temps, et les hérétiques furent condamnés au feu (1). Etait-ce chose utile ? On le

---

(1) « Ce sont les thèses des deux partis pour lesquelles on est venu des *ergots* (*ergo*) aux *fagots*. » — D'AUBIGNÉ, *Histoire universelle*, 1616, p. 49.

crut alors. La suite des évènements prouva qu'on s'était trompé. Mais ces rigueurs étaient dans les idées, les mœurs du siècle ; et la preuve, c'est que onze ans avant la mort de Calvin, survenue en 1564, par un arrêt en date du 27 Octobre 1553, les calvinistes envoyaient au bûcher Michel Servet, leur co-religionnaire, qu'ils déclaraient hérétique. Leur théologien Théodore de Bèze faisait l'apologie de cette condamnation (1).

Les réformateurs voulaient bien brûler Servet, mais ils n'entendaient pas être réprimés comme lui : donc ils crièrent au martyr, et parvinrent à se faire écouter. Des défections religieuses s'opérèrent, des cultes secrets furent organisés, et çà et là leur existence ne fut révélée que par des attentats aux monuments du culte catholique.

Il y avait donc alors en France tous les éléments nécessaires pour ébranler un état : des ambitieux et des sectaires, des mécontents et des fanatiques. Le gouvernement voyait grandir le spectre de la révolte ; il se sentait encore debout, mais sur un sol miné par de coupables intrigues. Un nouvel appel fut fait aux mesures extrêmes, et en Juin 1559, l'édit d'Ecouen prononça la peine de mort contre les partisans des idées nouvelles : c'était un retour à la vieille législation nationale. Il fut accepté par tous les parlements, défenseurs naturels de notre unité politique et religieuse.

Quelques jours après (10 Juillet 1559), mourait Henry II, frappé dans un tournoi donné pour célébrer le mariage de sa fille avec le duc de Savoye. Le trône passait à son fils aîné, François II, le trop jeune époux de Marie Stuart, la nièce de MM. de Guise. La fortune persistait donc à se déclarer pour la maison de Lorraine : son crédit fut sans bornes et ses amis se partagèrent les faveurs du pouvoir.

MM. de Montmorency, quels que fussent leurs griefs contre l'ambition du duc de Guise, eurent assez de

---

(1) Th. de Bèze, *De Hæreticis a civili magistratu puniendis.*

cœur et de patriotisme pour rester fidèles à leurs devoirs comme sujets et comme chrétiens.

Il n'en fut pas de même de MM. de Bourbon et de Châtillon : ils n'acceptèrent pas le règne de leurs rivaux. Pour se faire des partisans, ils donnèrent le déplorable exemple de la défection, et penchèrent vers le protestantisme. Les calvinistes trouvaient des chefs, les princes, des soldats. La guerre civile devint possible : elle n'éclata que trop tôt.

Cette lutte odieuse débuta par un assassinat. Pour donner une sanction éclatante à l'édit d'Ecouen, on avait arrêté, dans le sein même du parlement de Paris, cinq conseillers favorables aux doctrines de Calvin : le magistrat chargé de diriger la procédure commencée contre eux était Antoine Minard. Des prévenus, quatre, avec des explications satisfaisantes, se mirent facilement hors de cause ; le cinquième, Dubourg, persista dans son apostasie. Le jour où son sort allait être décidé n'était pas loin, lorsqu'un double meurtre fut commis : Antoine Minard fut tué d'un coup de pistolet ; un greffier du parlement, qui portait les pièces du procès intenté contre les protestants, eut le même sort. Violences fatales qui lançaient la France dans la voie du crime pour un demi-siècle ! violences que ne peut pas même justifier la rigueur des lois. Sous le manteau du fanatisme, les mœurs italiennes triomphaient ; la théorie de l'homicide politique entonnait son premier chant de victoire, et les échos allaient en retentir au loin et longtemps.

Cet assassinat devait précipiter la condamnation de Dubourg, et il en fut ainsi. Sa mort fut exploitée par le fanatisme et l'ambition. Bientôt eut lieu la conjuration d'Amboise, dans laquelle, comme le dit dans son journal un contemporain, le procureur du roi Brulart, il y eut plus de malcontentement que de huguenoterie. Le chef du complot, La Reynaudie avait agi sans consulter Calvin, et, en effet, il s'agissait bien moins de conquérir la liberté de conscience que d'enlever le pouvoir à la maison de Guise. C'était un premier attentat à la liberté qu'avait la couronne de choisir ses conseillers Le scepticisme politique faisait ses premières armes. Les bons citoyens s'inquiétèrent ; le chancelier Olivier en mourut de chagrin, et Michel de l'Hôpital lui succéda, L'Hôpital, savant, sage et intègre magistrat, fait pour les temps de paisibles réformes, mais trop faible pour comprimer les passions frémissantes autour de lui.

La Cour, peu confiante dans la terreur imprimée par le châtiment des conspirateurs, courut chercher un asile dans Orléans. Les habitants suspects d'hérésie ou de dévouement aux princes mécontents furent désarmés. Antoine de Bourbon, après avoir fait des avances aux calvinistes, puis flotté quelque temps sans boussole entre les deux partis, finit par entendre de quel côté l'appelait la voix du devoir, et resta royaliste et catholique. Il n'en fut pas de même de son frère, M. de Condé, prince inquiet, ambitieux, ennemi des Lorrains. Ses propos, ses proclamations le compromirent : il fut arrêté, malgré l'avis du duc de Guise ; et son procès s'instruisit.

Cependant le ministère, pour mettre un terme aux craintes du pays et s'appuyer sur la volonté de la nation, avait appelé les Etats Généraux. L'ordonnance de convocation était signée depuis deux jours, lorsque François II vint à mourir (5 Décembre 1560), pauvre enfant qui n'avait pas encore eu le temps d'étudier le cœur des hommes et de deviner la cause des orages qui grondaient autour du trône.

Alors la face des affaires changea : le crédit des Guises se prit à baisser, celui des Bourbons à remonter. Le 13 Décembre, les Etats Généraux s'ouvrirent, et bientôt un arrêt d'absolution acquitta le prince de Condé ; mais il ne profita de sa mise en liberté que pour se déclarer ouvertement le capitaine des malcontents, celui des calvinistes.

Les catholiques alarmés, et la Cour avec eux, revinrent alors vers MM. de Lorraine : une coalition se forma vers le mois de Mai 1561, et le pouvoir fut remis aux mains d'un triumvirat composé du vieux et loyal connétable Anne de Montmorency, du brave et fastueux maréchal de Saint-André, du duc de Guise, le héros des soldats, l'espoir des hommes religieux. Le roi de Navarre marchait avec eux. D'abord des tentatives furent faites pour empêcher l'explosion de la guerre civile, et l'édit de Saint-Germain (Juillet 1561), œuvre de l'archevêque de Reims, essaya de régler le libre exercice de la nouvelle religion. Le cardinal de Lorraine, encouragé par le favorable accueil fait à cette concession, confiant dans ses bonnes intentions, son savoir et son éloquence, crut pouvoir, par la persuasion, ramener les hérétiques dans le giron de l'Eglise. Il proposa les conférences connues sous le nom de *Colloque de Poissy*. Théodore de Béze et ses amis firent échouer sa patriotique et chrétienne entreprise. C'était le jeu des chefs protestants : le rétablissement de la concorde religieuse n'eût pas fait leur compte ; ce qu'ils souhaitaient simplement, c'était la chute de MM. de Guise ; aussi MM. de Châtillon, c'est-à-dire Coligny et ses frères, profitèrent-ils de l'occasion pour proclamer leur défection religieuse, en attendant mieux, Le roi de Navarre rentra dans le sentier de l'incertitude, renoua ses relations avec les calvinistes, et à sa requête, bien accueillie d'ailleurs, L'Hôpital fit rendre par la couronne l'édit de Janvier 1562 : il octroyait aux réformés l'exercice libre et public de leur culte.

Cette fois, le parti catholique, irrité des inutiles concessions faites aux protestants, provoqué par leurs actes d'agression, ne voulut pas pour eux d'une tolérance, qu'ils n'avaient pour personne. Il se plaignit à haute voix, et le parlement de Paris refusa d'abord d'enregistrer la nouvelle ordonnance, en disant : « *Non possumus, non debemus.* » Plus tard, cependant, il obéit. Mais l'édit du roi n'avait pas donné le pouvoir à Condé, les honneurs à MM. de Châtillon : aussi l'agitation continua.

Alors advint un de ces évènements fortuits, qui décident du sort des nations : nous voulons parler de ce que les protestants appelèrent *le massacre de Vassy* : lutte accidentelle entre quelques-uns de leurs coreligionnaires et les domestiques du duc de Guise, lutte sanglante, il est vrai, mais exploitée, avec plus de violence que de patriotisme, par les malcontents.

D'abord et pour la forme, les calvinistes en armes, Condé à leur tête, portèrent leurs plaintes à la Cour ; en vain on essaya de les calmer : ils crièrent sur tous les tons : « On égorge nos frères ; » et l'occasion étant favorable, ils commencèrent la guerre civile, c'est-à-dire la guerre de MM. de Condé et de Châtillon contre les triumvirs, contre les ministres de Charles IX.

Le 11 Avril 1562, date fatale dans notre histoire, Louis de Bourbon, à la tête des insurgés, tira l'épée contre son roi légitime. Aidé de François de Châtillon, sire d'Andelot, frère de l'amiral de Coligny, il s'empare d'Orléans et en fait son centre d'opération.

Rasse de Nœux, dont nous avons interrogé les recueils, l'accompagne comme chirurgien dans cette occasion, et devient ainsi témoin des faits dont il va recueillir les monuments littéraires.

Cette lutte fratricide, à laquelle la nation ne prenait point part active, n'avait pu s'organiser sans le secours de l'étranger. L'assistance des Anglais n'avait jamais fait défaut aux misères de la France, et il en fut cette fois comme il en avait toujours été, comme il en sera toujours. Aux termes d'un traité signé à Hamptoncourt, l'Angleterre donna aux insurgés de l'argent et 6,000 soldats. Suivant l'usage de cette obligeante nation, ses bons offices n'étaient pas entièrement désintéressés : en retour, on lui livrait la ville du Havre, et la tour de François I<sup>er</sup> frémit sur ses bases, quand à ses créneaux fut arboré le drapeau de nos ennemis éternels.

Ce n'est pas tout : Jacques Spifame, évêque de Nevers, devenu calviniste, sut négocier avec les protestants d'Allemagne un pacte d'alliance (1), et bientôt 7,000 reitres luthériens, armés de pied en cap, sont envoyés aux enfants de Calvin. Ils entrent en Champagne le 7 Octobre 1562, traversent cette province, et, après avoir ravagé le Gatinais, se renferment dans Orléans.

D'un autre côté, le prince de Condé, avec des calvinistes, des catholiques ses partisans et un corps d'Anglais, s'établit dans Rouen : c'est là que les triumvirs vont les attaquer. Le 25 Octobre 1562, le roi de Navarre, rattaché définiti-

---

(1) J. Spifame perdit bientôt son crédit parmi les calvinistes : il dut chercher un asile à Genève. Trois ans après, Théodore de Bèze l'accusa d'entretenir des relations avec Catherine de Médicis, et, sous prétexte de trahison, il le fit décapiter le 25 Mars 1565. — Juste châtiment, mérité par quiconque trahit sa patrie.

vement à la cause royale, est atteint d'un coup de feu, dont il meurt le 17 Novembre suivant. La ville est enlevée d'assaut, et, si l'on en croit Varillas, Guise arrête la fureur des soldats en criant : « Sauvez les Français ! »

Pendant que l'armée royale revient vers la Loire, le 15 Novembre, le concile de Trente, ouvert et fermé déjà plusieurs fois depuis dix-sept ans, reprend ses séances. On y voit comparaître l'élite des prêtres français : le cardinal de Lorraine est à leur tête.

D'Andelot s'est jeté dans Orléans avec 2,600 chevaux et des bandes de lansquenets, et quelques jours après, les deux armées se rencontrent sous les murs de Dreux. De part et d'autre, aux hommes d'armes français se mêlent des mercenaires étrangers. Sous le drapeau de Condé se trouvaient des Allemands et des Suisses. Des Espagnols, des Piémontais, des enfants de l'Helvétie étaient rangés sous la bannière des triumvirs. Dans l'un et l'autre camp, à ce qu'il paraît, étaient des catholiques et des protestants : tant il est vrai que cette guerre n'était pas celle de la Réforme contre le Catholicisme, mais celle des gens qui convoitaient les sceaux de France contre ceux qui prétendaient les garder.

Au début de l'action, les calvinistes eurent le dessus ; quelques catholiques, plus forts des jambes que du cœur, s'enfuirent jusqu'à Paris en criant : Bataille perdue ! Il n'en était rien cependant : le duc de Guise, à la tête de sa cavalerie, sut exécuter à propos une charge qui changea l'issue de la journée ; et les calvinistes durent sonner la retraite.

Les deux partis avaient éprouvé des pertes sérieuses : Anne de Montmorency fut fait prisonnier, un second triumvir, le maréchal de St-André, se rendit aussi ; mais il fut assassiné par un protestant. D'un autre côté, le prince de Condé fut contraint de remettre son épée au second fils du connétable.

Après la bataille, de notables modifications s'opérèrent nécessairement à la tête des deux armées. Condé fut remplacé par Coligny, et les protestants n'y perdirent rien. Le duc de Guise, resté le seul des trois triumvirs, devint le seul commandant des troupes royales ; elles n'en furent que plus fortes. Mais l'unité du pouvoir réalisée de part et d'autre, peut-être à la grande joie de chaque parti, fut un malheur de plus. Elle personnifia la guerre civile. Et ces deux grands hommes devinrent les objets exclusifs du dévouement de leurs partisans, de la haine de leurs ennemis.

Le duc de Guise de suite marcha sur Orléans, et le 6 Février 1563, il mettait le siége devant la ville.

Ces combats n'avaient pu suffire aux fureurs de la guerre civile : elle promenait le feu, le pillage et la mort dans toute la France, surtout au centre et au midi. Le maréchal de Montluc, ce guerrier au rude cœur, à la tête de quelques compagnies catholiques, et le baron des Adrets, de sanglante mémoire, avec des Suisses luthériens et des soldats calvinistes, rivalisaient de courage, et au besoin de sauvage énergie. La guerre qu'ils se faisaient avait un caractère de barbarie odieux : il fallait à tout prix y mettre fin. Un habile négociateur, le duc de Nemours, fut envoyé vers le baron des Adrets pour négocier son retour sous les drapeaux de la couronne. Dans diverses entrevues, qui d'ailleurs se terminèrent par un traité tel que la Cour le désirait, apparut pour la première fois un homme au nom alors obscur, bientôt trop fameux ; il va se charger de commettre un crime dont les conséquences, pendant trente ans, pèseront sur nos pères, dont le souvenir, pendant des siècles, souillera notre histoire.

Jean Poltrot, sieur de Meré, ou de Merey (petit fief situé près d'Aubeterre), mince gentilhomme de l'Angoumois, faisait, dans cette circonstance, partie de la suite du baron des Adrets. Elevé comme page dans la maison de François Bouchard, comte d'Aubeterre, il avait d'abord fait le métier d'espion pendant la guerre de Picardie. Après avoir embrassé la religion calviniste, il prit part à la conjuration d'Amboise, et parvint à fuir la mort. Lorsque l'héritière du comté d'Aubeterre épousa Jean Larchevêque, sieur de Soubise, il la suivit dans cette grande famille : c'était comme officier de M. de Soubise qu'il accompagnait M. des Adrets, lors de ses conférences avec M. de Nemours.

On vint à parler de la mort du roi de Navarre tué devant

Rouen, comme d'un fait heureux pour les protestants. — « Ce n'est rien que cela, repartit Poltrot : il faut avoir le chien au grand collier. — De qui donc parlez-vous ? lui dit-on. — Du Guisard, du duc de Guise. — Puis, levant la main droite, il ajouta : — Voilà le bras qui fera le coup. »

Poltrot était d'ailleurs un aventurier peu estimé, même dans son camp, un bavard inconsidéré, cependant brave, habile à jouer des armes à feu ; c'était un homme à tout risquer.

« Incapable de garder un secret, ainsi que le rapporte d'Aubigné, il disoit à qui vouloit l'oïr son dessein de tuer le Guisard, montrant des balles fondues exprès, et par là se rendoit ridicule. » Mais ce qui est plus grave, c'est qu'il répétait ses coupables propos devant les chefs du parti protestant, et personne n'essayait de le ramener à des idées plus chrétiennes.

Soubise, voyant dans Poltrot un homme d'action, l'envoya vers l'amiral de Coligny, pour quelques jours à Orléans. Celui-ci l'interrogea d'abord, accepta ses services, lui donna même de l'argent pour acheter un cheval, le laissa dans la place sous les ordres de d'Andelot, et partit pour aller réunir des troupes.

Comme nous l'avons dit, Guise avait mis le siége devant Orléans. Les calvinistes avaient jugé cette place imprenable ; néanmoins, au bout de quelques jours, ses faubourgs étaient enlevés d'assaut, et tout portait à croire que le corps de la place aurait la même destinée. Rien ne résistait à la valeur, au génie, à la fortune du duc de Guise. Lui seul pouvait écraser l'insurrection. Son arrêt de mort fut prononcé par les calvinistes, et Poltrot se chargea de l'exécuter.

Il sortit donc de la ville, gagna le camp des catholiques, et se fit présenter comme transfuge à François de Lorraine. Après quelques questions, ce prince lui permit de rester sous ses drapeaux. Il ne pouvait supposer dans les autres une lâcheté dont il était incapable : l'idée qui le dominait était le désir de mettre fin à la guerre civile, à des misères qui ruinaient la France, et menaçaient de la livrer à l'étranger. Malgré ses premiers succès, et la certitude qu'il avait de se rendre maître d'Orléans par la force, il avait repris les négociations ouvertes après la bataille de Dreux pour arriver à la pacification du royaume. MM. d'Oysel et de l'Aubespine avaient reçu ses pleins pouvoirs et s'étaient rendus au milieu des protestants (1). Néanmoins et à toutes fins on pressait les travaux du siége, et tout portait à croire que le dernier assaut se donnerait du 18 au 19 Février.

Le 18 Février donc, le sire de Méré, sentant que, s'il en était ainsi, la ville succomberait, et avec elle le parti calviniste, comprit que le moment était venu de commettre son crime. Il crut à propos de se préparer à l'assassinat par la prière, si l'on en croit quelques auteurs protestants, suppliant Dieu de changer son vouloir, si ce qu'il voulait faire lui était désagréable, ou sinon de lui donner force et courage.

Vers le soir, le duc de Guise, voulant, s'il était possible, éviter à la ville d'Orléans les horreurs d'une prise d'assaut, était allé, suivi de M. de Rostaing et d'un page (2) nommé de Crenay, au-devant de MM. d'Oysel et de l'Aubespine, ses négociateurs, dont il espérait le prochain retour. Il s'était avancé vers le faubourg d'Orléans, connu sous le nom du Portereau : les envoyés ne revenaient pas et le temps s'écoulait. La duchesse de Guise, alors au camp, pouvait s'inquiéter de ce retard, et le jeune de Crenay prit les devants pour aller la rassurer (3).

Poltrot le rencontre, l'interroge sur le chemin que Fran-

---

(1) On voit dans les *Mémoires de Castelnau* et dans ceux de Condé la preuve que le duc de Guise et Catherine de Médicis voulaient, avant tout, la paix et la négociaient sérieusement.

(2) A la place de ce dernier, quelques pièces publiées dans les *Mémoires de Condé* nomment M. de Villegemblain, auteur de mémoires publiés seulement en 1667.

(3) — *Derniers Propos de M. de Guise.* — LANCELOT DE CARLES, évêque de Riez. Reims, 1579, fol. 158. — Ce curieux volume parut d'abord à Troyes, chez François Trumeau, et fut imprimé en caractères gothiques sous le titre de *Recueil des derniers propos que dit et tint très illustre prince messire François de Lorraine*, etc. — Les protestants, naturellement, attaquèrent l'authenticité de ce récit ; mais une incroyable maladresse, que contient la première édition, prouve la bonne foi de l'auteur et l'exactitude de son récit. Nous y reviendrons dans une autre note.

çois de Lorraine doit suivre à son retour. Quand il est bien renseigné sur ce point, il se place derrière un arbre, au carrefour d'Olivet, et attend sa victime.

M. de Guise, ne voyant pas reparaître ses négociateurs, regagna le camp. Poltrot le laissa d'abord passer, et lui tira dans le dos un coup de pistolet. Trois balles atteignirent le malheureux duc à l'aisselle : il s'affaissa sur-le-champ. M. de Rostaing voulut d'abord arrêter le meurtrier ; mais, monté sur une mule, il fut lui-même jeté par terre, et revint alors secourir son général (1).

Cependant Poltrot, à l'aide d'un excellent cheval, celui qu'il avait acheté des deniers donnés par Coligny, se sauvait rapidement. Mais la terreur et les remords lui firent perdre la tête. Il erra toute la nuit au hasard dans les forêts voisines, et la Providence ramena sa course affolée au lieu même où le crime avait été commis, au pont d'Olivet : c'est là qu'il fut arrêté.

De suite on transporta M. de Guise dans sa tente, et le premier pansement avait eu lieu, lorsque MM. d'Oysel et de l'Aubespine arrivèrent et rendirent compte de leur mission : les protestants demandaient des ôtages, et le prince, étendu sur ce lit, dont il ne devait plus se relever, s'empressa de dire que, si la reine le commandait, il offrait comme tels ses enfants.

Catherine de Médicis, avertie de la perte que faisait la France, vint visiter le duc de Guise à sa dernière heure. Il l'engagea fortement à conclure la paix et pria sa femme et ses fils de pardonner sa mort aux calvinistes, de renoncer

---

(1) Il n'est pas sans intérêt de donner ici le récit de M. Michelet (*Guerres de religion*, p. 305). — Le 18 Février, Poltrot, ayant prié Dieu de lui dire si vraïment il fallait frapper, crut se sentir au cœur la voix divine, avec un mouvement étonnant d'allégresse et d'audace. Il attendit Guise, vers le soir, au coin d'un bois ; prudemment, froidement, il calcula qu'il devait être armé au-dessous, et qu'il fallait le tirer à l'aisselle, juste au défaut de la cuirasse. Il tira à six pas, d'une main ferme, très-juste, et l'abattit, etc.

à toute vengeance et de sacrifier leur ressentiment au bien du royaume (1).

Quelques heures plus tard, le but de Poltrot était atteint ; l'arrêt rendu par les calvinistes avait reçu son exécution ; le plus grand des généraux du siècle, le vainqueur de l'Empire et de l'Angleterre, le champion de la monarchie et du catholicisme avait cessé de vivre.

» Il mourut, » dit un historien que personne n'accusera de flatterie, Eudes de Mezeray, « dans cette réputation, même parmi ses ennemis, d'avoir été de son temps le plus généreux prince et la meilleure tête de la chrétienté, qui eut toutes les vertus héroïques, et presqu'aucun vice, ni de prince, ni de courtisan. On lui fit des oraisons funèbres qui purent être fort belles sans être flatteuses (2).

Cependant, aussitôt après l'arrestation du meurtrier, l'instruction avait été commencée. Le 21 Février, au camp de Saint-Hilaire, près de Saint-Mesmin, Poltrot subit son premier interrogatoire devant Catherine de Médicis et toute la Cour. Il accusa formellement l'amiral de Coligny de lui avoir proposé l'assassinat du duc de Guise, *lui assurant qu'il feroit un grand service à Dieu, au roy et à la république, qu'il feroit œuvre méritoire envers Dieu et envers les hommes* (3). A l'en croire, Théodore de Bèze et un autre ministre, qu'il ne nommait pas, *l'auroient assuré que, s'il vouloit exécuter l'entreprise dont M. l'amiral lui avoit tenu propos, il seroit le plus heureux*

---

(1) *Derniers Propos du duc de Guise*, fol. 159, 160, 161. — Lancelot de Carles, en racontant la mort du duc de Guise, rapporte les propos qu'il tint à chacun. — Il eut la naïveté de dire que le duc de Guise pria sa femme de lui pardonner ses infidélités, comme il lui pardonnait celles qu'elle aurait pu commettre. — Cette phrase malheureuse disparut des éditions qui suivirent la première publication de ce dramatique récit ; mais elle prouve son exactitude.

(2) *Hist. de France*, t. III, page 194.

(3) *L'Interrogatoire et déposition faite à un nommé Jehan de Poltrot, soy-disant seigneur de Merey, sur la mort de feu M. le duc de Guise, nouvellement imprimé à Paris, avec privilége.* — 1563. — Bibliothèque nationale.

*homme de ce monde. Pour lequel acte il gagneroit paradis et s'en iroit avec les bienheureux, s'il mouroit pour une si juste querelle.*

Poltrot, de plus, déclara que Coligny lui avait donné deux fois de l'argent, dont l'une pour acheter son cheval. MM. de Soubise, d'Aubeterre et de la Rochefoucauld furent aussi compromis par ses réponses.

Il fut livré, le 16 Mars, à la justice régulière, aux mains du parlement de Paris. Comme il avait averti la reine de se mettre en garde contre des assassins déjà mis en campagne, on décida d'abord qu'il serait placé sous bonne garde, et que la marche de la procédure serait lente pour laisser à la vérité le temps de percer (1). Mais, loin de s'éclaircir, les mystères de ce crime restaient enveloppés d'un voile impénétrable. Poltrot variait sans cesse dans ses interrogatoires. La torture, ce moyen aussi cruel qu'insensé de faire luire la lumière, lui fut imposée : mais elle n'amena que des rétractations, par conséquent de nouveaux doutes. Enfin l'arrêt du meurtrier fut rendu. La peine de mort, prononcée contre lui, fut aggravée de toutes les rigueurs acceptées par la législation du temps en cas de régicide. Il fut déchiré avec des tenailles ardentes et tiré à quatre chevaux. Ses derniers mots ne furent que bravades et menaces. — « Avec tout cela, dit-il en parlant du duc de Guise, il est bien mort et ne ressuscitera pas. Si la persécution ne cesse, il y aura vengeance sur cette ville, et déjà les vengeurs y sont (2). »

Ordinairement, après un grand crime, lorsque la justice a dit son dernier mot, quand le coupable a, par sa mort, expié sa faute, la vindicte publique est satisfaite ; les émotions se calment, et tout rentre dans le repos. Cette fois, il n'en fut pas ainsi. Le supplice de Poltrot de Merey, si rigoureux qu'il eût été, ne suffisait à personne. Aux yeux de chacun, ce malheureux aventurier n'était qu'un instrument aveugle, et partout on répétait : *Is fecit, cui prodest.*

(1) D'Aubigné. *Hist. universelle.* Amsterdam, 1616, col. 250-251.
(2) Michelet. — *Guerres de religion*, p. 317.

Les premières déclarations de Poltrot, imprimées à un grand nombre d'exemplaires et distribuées par toute la France, restaient comme l'expression de la vérité. Les catholiques les exploitèrent avec toute l'énergie que donne une profonde conviction. La veuve du duc de Guise, ses frères, plongés dans la douleur, peut-être plus encore irrités, malgré les dernières prières du généreux prince, ne songeaient nullement à pardonner. Leurs accusations formulées à haute voix, avec la fermeté que donnent le crédit, une juste cause et une foi sincère, désignaient nettement les coupables.

Devant le cri public, plus puissant encore que la justice, Jehan Bouchard d'Aubeterre dut passer la frontière et chercher un asile dans la capitale du calvinisme, à Genève : il y vécut misérablement et ne revit plus la France.

Théodore de Bèze essaya de se défendre la plume à la main : dans son mémoire, nous lisons ces étranges paroles :

« Et au surplus, quant au sieur de Guyse, pour ce qu'il l'a tousjours tenu pour le principal autheur et fauteur de ces troubles, il confesse avoir infinies fois désiré et prié Dieu, ou qu'il changeast le cœur dudit seigneur de Guyse ( ce que toutes fois il n'a jamais peu espérer ), ou qu'il en délivrast ce royaume. Il ne se trouvera que jamais il ait attiré aucun autre pour ce fait, auquel toutes fois il recognoist un juste châtiment de Dieu, menassant de semblable ou plus grande punition tous les ennemis jurés de son sainct Evangile, et qui sont cause de tant de misères et de calamités en ce royaulme. »

Cette singulière justification fut sans effet, et Théodore de Bèze dut suivre M. d'Aubeterre dans l'exil. Il fit bien, car les hommes de son temps restèrent convaincus de sa complicité. Rien, depuis, n'a prouvé qu'ils s'étaient trompés. Ce qui n'empêcha pas M. de Bèze, successeur de Calvin, de vivre à Genève, pendant de longues années, entouré de l'estime des huguenots.

Mais plus encore que Théodore de Bèze, l'opinion publique accusait Coligny. Ses ennemis n'avaient pas un doute sur sa culpabilité. Le duc de Guise lui-même, à ses derniers moments, tout en lui pardonnant, sembla le désigner comme l'auteur de sa mort.

Cependant les gens sans intérêt dans cette lutte odieuse, jugeant les évènements de sang-froid, refusaient d'accepter sans réserve des accusations dirigées par un aventurier contre un gentilhomme coupable, il est vrai, de rebellion, mais riche de bravoure et d'honneur. Peut-être M. de Coligny, fort de son innocence, aurait-il dû laisser au temps le soin de calmer les esprits et les haines, et attendre des jours meilleurs pour présenter une justification, que personne alors ne croyait possible. Mais il aima mieux publier un mémoire pour sa défense, et, par malheur, ce mémoire fut d'une grande maladresse.

Il prétendit que l'interrogatoire de Poltrot imprimé et publié n'était qu'une pièce apocryphe, composée par ses ennemis. Il avouait cependant avoir eu des rapports avec l'assassin, lui avoir donné de l'argent pour lui procurer un cheval, et s'en être servi comme espion. Il convenait *que depuis l'affaire de Vassy, quand il a ouy dire à quelqu'un que s'il pouvoit, il tueroit le seigneur de Guise, il ne l'en a détourné;* mais, ajoutait-il, « sur sa vie et sur son honneur, il ne se trouveroit que jamais il eut recherché, induit ou sollicité quelqu'un à ce faire, ni de paroles, ni d'argent, ni par promesses, par soy ni par autruy, directement ni indirectement (1). »

Dans les pages qui terminent sa défense, il rappelle les

(1) *Response à l'interrogatoire qu'on dit avoir esté fait à un nommé Jean Poltrot, soy disant sieur de Merey, sur la mort du feu duc de Guise, par M. de Chastillon, admiral de France, et autres nommés au dit interrogatoire.* — Ce rare volume, dont la Bibl. nationale possède un exemplaire, ne porte aucune indication de lieu ni de date. — Il renferme l'interrogatoire de Poltrot avec la réponse de l'amiral à chaque imputation ; — une lettre de l'amiral à la reine-mère, où il proteste de son innocence ; — une suite d'explications sur les faits du procès, dont on se servait pour l'accuser ; — la défense de Th. de Bèze et quelques mots pour M. de la Rochefoucauld. Cette pièce, reproduite dans les *Mémoires de Condé*, porte les signatures de MM. de Coligny, de Bèze et de la Rochefoucauld.

variations de Poltrot, et ne dissimule pas son antipathie contre le duc de Guise ; il reconnaît qu'il aurait employé pour le tuer tous les moyens permis par le droit des armes. — Cette déclaration signée par l'amiral portait la date du 5 Mai 1563.

Dès les premiers jours de l'interrogatoire, il avait prié la reine de faire suspendre la marche de la procédure, pour qu'on pût le confronter avec son accusateur. La reine n'y voulut pas consentir, soit pour accélérer la satisfaction réclamée par la vindicte publique, soit dans la crainte d'augmenter le nombre des gens qu'on aurait dû punir. Si l'on en croit l'auteur de la *Vie de Coligny*, son refus aurait eu pour base le désir d'être utile à l'amiral, que Poltrot n'aurait pas manqué d'accuser pour se sauver (1).

Vainement, comme le déclare Brantôme, on sut que Coligny avait une fois prévenu le duc de Guise qu'on conspirait contre lui ; vainement le mémoire de l'amiral fut répandu par toute la France ; vainement il opposait à ses accusateurs la loyauté de son caractère et sa vie tout entière ; la Cour, Paris, les provinces ne furent jamais convaincus de son innocence. Sa franchise ne fit que lui nuire. Citons encore, sur ce point, quelques lignes de Pierre de Bourdeilles. — ( Il parle de l'assassinat du duc de Guise et des explications que donnait à ce sujet Coligny). — « Un mot aussy luy nuit fort, quand il disoit souvent : — « Je n'en suis point l'autheur nulle-
» ment et ne l'y point fait faire ; et pour beaucoup ne
» le voudrois avoir fait faire, mais je suis pourtant fort
» aise de sa mort, car nous y avons perdu un très
» dangereux ennemi de nostre religion. » — Plusieurs s'estonnoient comment lui qui estoit fort froid et modéré en paroles, il alla proférer celle là qui ne lui servoit à rien, et dont il s'en fut bien passé. »

« Pour fin, dit encore le chroniqueur, jamais ne se put il tant purger qu'il ne fut fort accusé et soupçonné : ce qui lui coûta la vie par après, comme j'espère dire. »

(1) *Vie de Gaspard de Coligny*. — Cologne, 1691, 303.

Les imprudences littéraires des calvinistes, dont nous parlerons bientôt, aggravèrent celle de l'amiral ; leur joie était au comble ; elle éclatait dans leurs propos, dans les prêches, dans leurs chants, et des provocations de tous genres irritaient de mille manières les regrets des catholiques, exaltaient leur ressentiment et préparaient à la France de nouveaux malheurs.

La veuve, les frères de M. de Guise déposèrent officiellement leurs plaintes au pied du trône et réclamèrent le châtiment de tous les coupables. La reine les renvoya devant le parlement : puis le roi finit, pour étouffer cette affaire, par l'évoquer devant le conseil d'Etat, et les accusations de la famille de Lorraine furent ensevelies dans les cartons officiels. On crut bien faire : on se trompa. Si le procès eût été suivi, Théodore de Bèze, d'Aubeterre, d'autres, sans doute, auraient été condamnés ; mais l'amiral se fût justifié, mais on eût satisfait par une procédure complète et régulière à des plaintes soutenues par l'opinion publique, et l'on eût évité les terribles représailles d'Août 1572.

Le gouvernement se crut habile et heureux en obligeant les partis à se contenter d'explications. Un rapprochement momentané, gros de dissimulation et de ressentiment, fut obtenu. Puis, pour absorber les mauvaises passions, dans un élan de patriotisme, on conduisit catholiques et protestants sous le même drapeau, le drapeau des fleurs-de-lis, combattre les Anglais et les balayer du Havre.

La paix avait été signée sur les instances du duc de Guise et avant qu'il eût rendu le dernier soupir. L'édit, qui la déclarait, daté d'Amboise, fut enregistré au parlement de Paris, le 25 Mars ; mais il produisit l'effet des cendres jetées sur des charbons ardents. On ne voyait plus le feu, mais il couvait. La guerre à l'Anglais n'avait pu, ni d'un côté ni de l'autre, étouffer la colère et calmer la méfiance. Elles furent bientôt plus vivaces que jamais.

La Cour ne tarda pas à prévoir de nouveaux malheurs : Catherine de Médicis espéra reculer leur explosion, en renonçant à la régence : elle fit proclamer la majorité de Charles IX ; mais ce ne fut qu'une cérémonie. La mère du roi gouverna sous son nom, et garda les mêmes ministres, et par suite, MM. de Condé et de Coligny, n'y gagnant rien, ne furent pas satisfaits.

L'inquiétude était générale, et partout de sourdes menées s'organisaient. Le gouvernement fut obligé de lever des troupes : les huguenots, dont les complots avaient provoqué ces mesures militaires, ne furent pas pris au dépourvu. La guerre civile recommença, la guerre des portefeuilles entre ceux qui les tenaient et ceux qui les convoitaient (1564-1565).

On en revint au plan de la conjuration d'Amboise, et à Monceau en Brie, à la tête d'un corps de calvinistes, le prince de Condé tenta d'enlever aux Guises la personne du roi. C'était un moyen d'arriver au pouvoir. Ce nouvel attentat à l'autorité royale laissa dans l'esprit de Charles IX une impression, dont il ne se souvint que trop.

Le 10 Novembre 1565, se donna la bataille de Saint-Denys, et le dernier des triumvirs, le vieux connétable de Montmorency, atteint de huit blessures toutes mortelles, renversé par terre, fut tué d'un dernier coup que lui porta Robert Stuart, le meurtrier présumé du président Minard. Ainsi tombaient tour-à-tour sous le fer des protestants les trois hommes qui défendaient contre leurs attentats l'autel, le trône et l'unité nationale. Tous trois périssaient lâchement assassinés.

La nation était lasse de ces rivalités sanglantes ; aussi, vers Janvier 1566, les notables sont convoqués à Moulins : on les prend pour arbitres des différends qui divisent les Guise, les Montmorency, les Châtillon. Là se trouvait la vraie, la seule difficulté. Pendant qu'on délibère, un nouvel assassinat, encore commis par les calvinistes, manque de faire échouer tous les efforts déjà tentés. D'Andelot, le frère de l'amiral, tour-à-tour privé et de nouvel investi du grade de colonel général de l'infanterie française, fait poignarder Jacques de Charry, capitaine des gardes du roi, qui refuse de prendre ses ordres. Néanmoins, les instances des députés, les ordres formels du roi préparent encore un accommodement. On rapprocha facilement MM. de Montmorency et de Lorraine. L'amiral de Coligny, toujours accusé d'avoir fait tuer le duc de Guise, est obligé, pour se justifier, d'affirmer sous serment que non-seulement il n'est point l'auteur de ce crime, mais qu'il n'en a rien su.

Cette déclaration publique fut suivie de quelques apparences de réconciliation ; mais le jeune duc de Guise n'assista pas à cette solennelle réunion, et par suite ne promit ni pardon ni oubli. Ses amis, ses partisans, persistèrent dans leur inimitié, et l'édit de Moulins, publié par la Cour, accepté par les notables, ne fut encore qu'un palliatif impuissant à guérir les maux de la patrie.

La guerre civile ne tarda pas à recommencer, et le vertueux Michel de l'Hôpital, fatigué de lutter contre des princes factieux et des gentilshommes ivres d'ambition, remit les sceaux de France entre les mains de la reine. Sa retraite fut une calamité publique. Presque seul à la Cour, où toutes les passions humaines avaient aussi des soldats, il représentait le parti de la légalité. Son départ fut suivi d'un nouvel attentat au vieux caractère français.

A la bataille de Jarnac, les catholiques vainqueurs suivent une première fois l'exemple des calvinistes et commettent une honteuse action. Condé blessé, à terre, hors de combat, est assassiné par un Montesquiou. Les protestants recueillent déjà le fruit des déplorables doctrines qu'ils ont professées, des chansons homicides qu'on va lire.

A quoi bon raconter ici cette longue suite de violences, de luttes fratricides, de serments oubliés, de violences faites aux lois nationales ? Les combats et les traités de paix se succèdent, et pas plus que les fêtes données pour le mariage de Charles IX, ils n'empêchent la plaie qui ronge la France de continuer à la dévorer. Le jeune duc de Guise, aveuglé par l'amour filial, provoque le massacre de la Saint-Barthélemy. Lâche et coupable à son tour, il fait assassiner celui qu'il croit le meurtrier de son père, l'amiral de Coligny. Puis, corrompu par la popularité, comme d'autres il entre dans la voie du scepticisme politique, manque à ses devoirs de citoyen et de sujet, et prétend à la couronne. Le roi de France cède à la contagion ; il oublie que, dans les temps de troubles, le respect des lois est le seul palladium des monarques et des peuples, et fait égorger par ses gardes un ambitieux que ses parlements devaient condamner à mort.

Tristes évènements, taches de notre drapeau, déshonneur de notre histoire ; châtiments infligés par le ciel aux peuples qui se croient le droit d'examiner les commandements du Seigneur, de changer par la violence les traditions et les lois fondamentales, créées et consacrées par la sagesse et l'expérience des siècles !

Pendant trente ans, la légende de la France n'est qu'une suite de tableaux hideux, et lorsque les hommes de nos jours parcourent en rougissant ces pages funèbres de nos chroniques, n'ont-ils pas le droit de demander des comptes à ceux qui, sans mémoire d'un passé riche d'honneur et de bravoure, sans crainte pour l'avenir du pays, ont, les premiers, enseigné par leurs actions qu'il est des cas où la violation de la loi, le mépris du sens moral sont des droits et des devoirs ; des circonstances où Dieu lui-même conduit la main du meurtrier, où les crimes sont des vertus, les bravi des héros, où l'assassinat mène à la gloire sur la terre, au bonheur éternel au plus haut des cieux ?

A qui vont ces reproches ? A cette question ce recueil va répondre. Dans le cadre des tristes évènements que nous venons de rappeler au lecteur, prirent place les chansons, les poésies qu'il contient. Composées de 1550 à 1566 par les gens de lettres calvinistes, elles précédèrent de plusieurs années la Saint-Barthélemy, de fatale mémoire ; elles renferment, les unes, d'audacieuses insultes au catholicisme et à ses dogmes fondamentaux, de violentes attaques contre ses fidèles et leurs prêtres ; les autres, les calomnies les plus impudentes contre les chefs du vieux parti national, les menaces les plus graves contre Paris qui les soutient. Elles livrent les ministres de la couronne au mépris, à la haine du peuple, et provoquent leur assassinat, celui de leurs partisans. Et quand le parti, qui se disait celui des réformés, eut la honte de trouver un bravo dans ses rangs il n'est pas d'éloges que ne lui donnent ses poètes ; ils le mettent sans vergogne en parallèle avec tous les héros du vieux monde, lui décernent la palme du martyre et lui promettent toutes les joies du bonheur éternel.

Ces lignes étranges ne sont pas l'œuvre d'un seul homme ; leur grand nombre, leur forme, leur style, leur mérite ou leur faiblesse indiquent des auteurs différents ; elles ne sont pas non plus les filles du fanatisme qui s'échauffe dans la chaire, qui s'enivre dans les combats. Des poésies accusent toujours la réflexion. Celles-ci sont écrites en français, celles-là en latin, en italien. Elles renferment sonnets, acrostiches, anagrammes, et même des jeux de mots, tous fruits du loisir, du travail calme du cabinet. Echos des propos d'une époque, miroirs des pensées d'un parti, les unes, en petit nombre, furent imprimées ; les autres furent copiées et colportées de ville en ville. Elles étaient répétées dans les assemblées, dans les camps des calvinistes ; on en faisait des cahiers, des volumes. De ces éditions manuscrites, la seule, peut-être, qui ait traversé les siècles, est celle de Rasse de Nœux. Elle forme un chapitre curieux des mémoires du calvinisme.

Le monument littéraire élevé par le chirurgien de la reine de Navarre a de temps à autre été consulté par l'histoire. Le Laboureur, pour donner son édition des *Mémoires de Castelnau*, a certainement interrogé ces quatre volumes ; il leur a même fait quelques emprunts (1). MM. Haag, auteurs de la *France protestante*, font une allusion évidente à leur contenu, dans leur article biographique de Poltrot de Meré (2). Gens de savoir et d'honneur, hâtons-nous de le dire, ils flétrissent nettement et l'assassinat politique et son apothéose.

Pourquoi les calvinistes du XVIe siècle ne pensèrent-ils pas comme eux ? Sans doute, ils ne débutèrent pas dans leurs pamphlets par la provocation à l'assassinat ; leurs

---

(1) « J'ai tiré cette pièce d'un recueil de libelles, fait, comme j'estime, par Rasse de Nœux, chirurgien à Paris, l'un des plus passionnés de son temps pour le party hérétique. » — Édition de 1731, t. I, p. 754.

(2) « Convaincus par l'autorité de la Bible que le tyrannicide inspiré par le ciel est un acte légitime et glorieux, les huguenots acceptèrent le fait accompli comme un juste châtiment de Dieu : quelques-uns allèrent jusqu'à célébrer la mort de Poltrot à l'égal de celle d'un martyr. » — *France protestante*, Eug. et Ém. Haag, t. VIII, p. 285.

premières œuvres littéraires s'en tenaient à ces calomnies vulgaires dont les hommes de révolution usent dans tous les temps sans aucun scrupule (1). Le bon sens de nos pères ne fut pas leur dupe, et la nation, alors intelligente et loyale, resta fidèle au drapeau de l'autorité légitime. Force fut donc aux adversaires de la vieille France, battus sur le terrain de l'opinion publique, de faire appel aux passions privées, au fanatisme individuel. Aux méchants mensonges succédèrent les cris de la haine, les menaces de la colère. Les provocations au meurtre les suivirent de près, et bientôt de ces attentats aux lois divines et humaines le succès fut complet. Les assassinats précédèrent et accompagnèrent la guerre civile, et s'il restait quelque doute sur la participation, non pas seulement littéraire, mais positive, du parti protestant au crime de Poltrot, qu'on lise ces lignes d'Agrippa d'Aubigné. — L'auteur fait le portrait du sieur de Meré, puis il ajoute :

« Les chefs, à qui il communiquoit son désir et dessein, lui faisoient des remonstrances qu'il ne se falloit pas tromper ès vocations extraordinaires. Mais, pour en parler avec franchise, veu l'esperance qu'on prenoit de lui avant le coup (comme je l'apprenois en bon lieu, quelque enfant que je fusse), j'estime que les langages, qu'on lui tenoit, sentoyent le refus et donnoient le courage (2). »

Ce témoignage, dont personne ne suspectera la sincérité, nous donne le secret de ce coupable complot. Sans doute, dans le parti protestant, peu de gens auraient voulu jouer le rôle de meurtrier ; sans doute, il y eut des huguenots honteux de triompher par de pareils moyens, de se trouver complices de telles lâchetés ; — mais Poltrot n'en fut pas moins conduit au crime par les conseils, les encouragements de son parti ; mais ce soldat, qui n'avait pas d'injure per-

(1) « Alors (1562) ils firent faire des casaques de drap blanc pour toute leur cavalerie et tâchèrent d'animer et d'entretenir les esprits par l'impression de plusieurs petits livres, les uns pour leur justification, les autres pour noircir la maison de Guise, et particulièrement le cardinal de Lorraine. » — MEZERAY, t. III, p. 186.

(2) D'AUBIGNÉ, *Histoire universelle*. Amsterdam, 1636, col. 244-245.

sonnelle à venger, qui ne devait rien gagner à la mort du duc de Guise, égaré par des excitations de tous genres, se crut le héros, le sauveur de son parti. Les poésies que nous publions, échos évidents des propos qu'on lui tint, vont complètement justifier ses folles illusions.

Quand il eut expié son crime dans les tortures, les hommes qui l'y avaient conduit, loin de baisser la tête, n'eurent que des chants d'orgueil. Ils entretinrent leurs coreligionnaires dans l'ivresse qui perdit Jean de Merey ; ils entourèrent son nom d'une auréole de gloire céleste.

Cette insulte au sens moral ne fut pas celle d'un moment. L'anniversaire de l'assassinat du duc de Guise fut longtemps célébré par les calvinistes comme celui d'un glorieux exploit, d'une grande action. D'années en années, des chants nouveaux, composés pour la fête du jour, allèrent dans les prêches et dans les camps vivifier la mémoire de Jean Poltrot, le souvenir de son héroïsme.

Etait-ce bien là ce qu'avaient voulu les gens qui, dans l'origine, avaient prétendu réformer les mœurs du siècle ?

Etait-ce pour en venir à de pareilles doctrines que les apôtres du calvinisme se sont cru le droit de briser les autels de leurs ancêtres, de violer les églises, aux pieds desquelles dormaient les restes de leurs pères ? — Etaient-ils donc plus vertueux, plus désintéressés, plus chrétiens que leurs frères, ces hommes qui, sans scrupule, déchiraient la France en deux familles ennemies ; ces hommes qui se disaient des saints, et foudroyaient de leurs mépris les enfants de la France royaliste et catholique ?

La haine continuait à comprimer chez les calvinistes le cri de la conscience : la mort du duc de Guise ne les avait pas désarmés, pas plus que le supplice de Poltrot n'avait satisfait l'opinion publique. Leurs poésies raillent sans pitié la veuve, les enfants du grand général. Elles adressent les outrages les plus odieux à ses restes, à sa tombe, à sa mémoire. Leur existence est l'éternel châtiment de ceux qui les ont composées et répandues dans le monde. Pièces d'un grand procès, elles renferment le mot d'une lugubre énigme. Elles vont raconter comment d'une nation de preux on fit des hommes de haine, de lâches meurtriers, des héros de vendette; elles vont dire comment on réduisit le rigorisme du vieil honneur français à plier devant la théorie de l'assassinat; elles vont apprendre aux hommes de ce temps comment, parce qu'une faction eut le double malheur de trouver dans son sein un infâme assassin, et des poètes pour chanter sa gloire, comment ses adversaires eurent trop tôt après la facilité d'enrégimenter des milliers de sicaires.

L'assassinat de Louis de France, duc d'Orléans, peut-il servir d'excuse à l'attentat du pont de Montereau ? — Non : pas plus que le meurtre du président Minard, celui du maréchal de Saint-André, celui de François de Lorraine, duc de Guise, ne peuvent justifier la lâcheté de la bataille de Jarnac, le guet-à-pens de la Saint-Barthélemy; et quand les gens de la Révolution viendront plus tard tirer sur le crime du 21 Janvier, sur les massacres de 1793, le linceul sanglant d'Août 1572, l'histoire impitoyable leur dira : — Comme Poltrot sous les murs d'Orléans, comme Besme à Paris, les hommes du régicide et de la terreur sont des assassins !

Il n'y a pas deux espèces de morale : l'une qui permet le parjure, l'autre qui le défend; il n'y a pas deux espèces de conscience l'une qui autorise le crime, l'autre qui le flétrit; il n'y a pas deux espèces de religion : l'une qui voue les lâches meurtriers aux châtiments sans fin, l'autre qui les appelle à la droite de l'Eternel. Quiconque ne courbe pas la tête devant les commandements de Dieu partout et toujours, n'a ni morale, ni conscience, ni foi dans l'existence de l'âme.

Toute société qui ne prend pas pour devise : — Ne fais pas aux autres ce que tu ne veux pas qu'on te fasse, — ne peut vivre honnête et prospère. Dans ce monde, où les mauvaises passions peuvent être modifiées, enchaînées, mais jamais anéanties, le triomphe du mal réveille les aspirations du mal. A qui viole la foi des serments, la trahison tôt ou tard renvoye un écho railleur. Quiconque a joué du poignard, peut attendre le poignard ; celui qui foule aux pieds les lois de son pays, croira-t-il à leur protection ?

A la victoire des volontés sans frein, des fantaisies illégales, des ambitions illégitimes, un châtiment est dû : les lois, les lois seules doivent l'infliger ; mais quand, enchaînées par la force matérielle, comprimées dans leur action par l'opinion égarée, elles ne peuvent étendre le bras et saisir les coupables, alors un jour vient, jour de malheur, où se dresse devant eux un fantôme brutal, qui les écrase, la peine du talion : soufflet donné par la barbarie à la civilisation ; sarcasme sanglant adressé par la folie humaine aux forfanteries ridicules du progrès.

Nos pères ont commis des fautes politiques : mais en ont-ils seuls commis ? — Leur expérience a-t-elle sauvé les hommes du dernier siècle des mêmes erreurs ? Et depuis soixante-cinq ans, avons-nous profité des leçons des jours lointains ?

A toutes ces questions notre plan nous défend de répondre : à l'histoire appartient le passé : les hommes des jours présents cherchent leur voie, et l'avenir est le secret de Dieu. A tout homme il octroye le libre arbitre, à toute nation le droit de vouloir et d'agir ; et suivant l'usage que chacun fait de ses facultés, il le traite. A chaque homme donc le sort dont il est digne, à chaque peuple donc la destinée qu'elle mérite.

Aux races sans cœur, la servitude ; aux races sans morale, la dégradation ; aux races sans foi, la boue du réalisme ; aux races sans noblesse, le culte du veau d'or.

Mais ce n'est pas en se jetant à la face des injures historiques, ce n'est pas en s'accusant tour-à-tour des malheurs de la patrie, qu'on ramènera la France dans le droit chemin. Les sociétés modernes, pas plus que n'ont pu le faire celles qui les ont précédées, n'arriveront au bonheur, à l'ordre et à la liberté, tant qu'elles n'auront pas écrit sur leur bannière religieuse : — Obéissance aux commandements de Dieu ; — sur leur bannière politique : — Place au droit pour chacun et pour tous ; — tant que les peuples auront d'autre cri que ces deux mots : — Dieu et la loi.

.Prosper TARBÉ,

*Correspondant de l'Institut.*

*Reims,* 31 *Mars* 1866.

# RECUEIL
## DE
## POÉSIES CALVINISTES

# RECUEIL

DE

## POÉSIES CALVINISTES

ANAGRAMMES

DU

NOM DU CARDINAL CHARLES DE LORRAINE

1547-1574.

---

Renard, lasche le Roy (1).

—

Il cherra, l'asne doré.

—

Hardi larron se cele.

—

Raclé es l'or de Henry (2).

---

(1) Collection RASSE DE NOEUX, guerres civiles. — Fonds Gaignières, — *passim*.

(2) L'anagramme était alors à la mode, et les protestants se distinguaient dans ce jeu d'esprit, qui demande une profonde malice et des études grammaticales un peu sérieuses. — La première de ces plaisanteries dénonce au public l'ambition envahissante du cardinal. — La seconde nous apprend que cet homme, considéré comme un des princes du savoir et de l'éloquence en son temps, n'était qu'un âne doré. — Les deux dernières révélations signalent

à la postérité la cupidité du cardinal et ses concussions : c'est depuis 300 ans le thème sur lequel les gens de révolution exécutent des variations, quand ils ne tiennent pas la clef du trésor. — Le cardinal Charles de Lorraine naquit à Joinville en Champagne, le 17 Février 1524. Il était fils de Claude de Lorraine, duc de Guise, et d'Antoinette de Bourbon. Il arriva par son mérite très-jeune aux affaires : sous quatre règnes, et dans des temps difficiles, il sut se maintenir au pouvoir ; ce qui n'arrive qu'aux gens de valeur réelle. De là la haine que lui vouèrent les ambitieux de tous les rangs et de tous les cultes. Nous ne ferons pas ici son histoire : notre recueil a pour but de publier seulement les calomnies et les menaces de mort dont les calvinistes ne cessèrent de troubler sa vie. — S'il eut des ennemis mortels, il eut des amis, et après sa mort, l'un d'eux, N. Boucher, publiait à Reims, en 1579, un éloge des deux frères Charles et François de Lorraine, sous le titre de *Conjonction des lettres et des armes*. Empruntons-lui le passage suivant :

« Car outre la hayne que les hérétiques ont portée généralement à tous gens de bien, ils en ont voulu spécialement à Charles et à François (de Lorraine) nez sous ceste planète, si ainsi faut dire, ne scay-je quelle, qu'il n'y avoit pour lors aucun ennemy de l'Eglise et du royaume qui ne se confessast estre aussi le leur, qui ne tournast principalement sur eux la hayne, qu'il avoit conceue contre la république et contre tous gens de bien et de vertu.

» Ils brusloient de despit (de par Dieu) de voir ces deux frères en honneur, avoir si grand bruit et fame pour leur vertu et estre en si grand crédit et auctorité envers un chacun.

» Ils cognoissoient que Charles estoit fort sage et prudent pour se douter de leur entreprise, et son frère François fort vaillant pour les empescher ; Charles fort aigu, subtil et diligent à découvrir tous leurs desseins et conseils, qu'ils ne faisoient rien, ne remuoyent rien, voire ne pensoyent presque rien qu'il n'ouist, qu'il ne vist, qu'il ne congnust, et François, d'autre costé, très puissant et très expérimenté pour les prévenir et rompre.

» Ils congnoissoyent bien..... que s'ils estoient une fois tués, ils seroient maistres et seigneurs de la France..... A ceste cause, commencent à contreuver sur eux des crimes, maintenant d'une sorte, et maintenant d'une autre, et toujours des nouveaux ; affiger des placarts par les carrefours et escrire libels diffamatoires, ainsi que firent les Ariens contre saint Athanase, et taschans de les faire haïr et mettre en la malgrace de tout le monde, calomnier le crédit et accès qu'ils avoient envers le roi.....»

Il est inutile de dire que l'auteur de ces lignes devint à son tour l'objets des traits aigus des protestants. Nous ne reproduirons pas les poésies écrites contre lui : notre mince volume ne peut contenir tout ce que renferme de malices et de méchancetés l'immense collection de Rasse de Nœux.

## SONNET CONTRE LE CARDINAL.

### 1547-1570.

Jésus-Christ ne voulut cognoistre d'un par-
[taige (1)
Que deux frères faisoyent, combien qu'en fut prié:
Car s'estant à garder son troupeau dédié,
Il ne voulut jamais embrasser davantaige (2),

Monsieur le cardinal, par force et par outraige,
A le partagement de la France manié,
Et en faisant les parts, s'est tout approprié,
Laissant au Roy le nom pour tout son appanaige.

S'il est de Jésus-Christ, que ne suit-il son
[maistre?
Et s'il n'en est, pourquoy fait-il semblant d'en
[estre?

---

(1) RASSE DE NŒUX, t. I, 20. — Ce sonnet est sans date positive ; il envoye le cardinal mener paistre ses brebis : on ne peut rien de plus innocent.

(2) Allusion à la réponse que fit Jésus-Christ à un homme qui lui disoit : — « *Magister, dic fratri meo ut dividat mecum hœreditatem. — At ille dixit illi : — Homo, quis me constituit judicem aut divisorem super vos ?* »— S. LUC, chap. XII, v. 13.

Et faisant le semblant, pourquoi le croyons-
[nous (1)?

S'il en est, il luy fault mener ses brebis
[paistre ;
S'il n'en est, il le faut hippocrite cognoistre,
Et autant abuseur comme nous sommes fous.

---

(1) Ce sonnet n'est qu'un incident de ce jeu que les enfants nomment *le Roi détrôné* ; ils devraient l'appeler *le Roi à détrôner*.

# ANAGRAMME

## DU NOM

## DU CARDINAL CHARLES DE LORRAINE.

## 1547-1574.

Charles, cardinal de Lorraine (1),
Voulant mettre France en ruine,
Cuydant de tous estre adoré (2),
Ses faicts sont par trop descouverts,
Ainsi qu'il advient aux pervers :
Car il cherra, l'asne doré.

(1) Collection de RASSE DE NOEUX, t. I, 268. — Le dernier vers est l'anagramme du nom du cardinal.

(2) Les calvinistes, comme on le verra plus loin, pour dépopulariser ce grand ministre, cherchaient à persuader à la France qu'il sacrifiait l'argent et les intérêts de l'Etat au désir qu'il avait de devenir pape. — L'archevêque de Reims n'était pas un âne : son savoir, son éloquence sont des faits reconnus par tous les historiens. Il aimait les gens lettrés. — Voici ce que rapporte l'auteur de la *Conjonction des lettres et des armes* (fol. 10) : « Il n'estoit pas honteux d'appeler à disner ou soupper les gens de sçavoir, quoiqu'ils fussent de petite maison, ny de recevoir ceux qui se présentoient d'eux-mesmes, et deviser avec eux.—Demeurez, disoit-il, avec nous soupper, afin que nous philosophions »

## DE LA DEVISE DU CARDINAL.

### 1547-1574.

O plus que de Sémiramide (1)
Jadis pompeuse pyramide
Le vol de l'aigle as surmonté,
Voire sur la lune monté ;
Pour de tes faits digne trophée,
Elle t'a la teste coiffée
De cornes, et pour laurier verd
De poltron lyerre tout couvert,
Elle ton chef dominera
Quy de tout point te minera.

(1) Collection de RASSE DE NŒUX, t. I, p. 16. — Le cardinal avait pris pour emblème une pyramide entourée d'un lierre, qui s'appuyait sur elle.— Sa devise était : — *Te stante, virebo ; cadente, peribo*, — c'est-à-dire : Tant que tu seras debout, je serai vigoureux ; si tu tombes, je péris. Le lierre était le cardinal ; la pyramide était la monarchie légitime, le roi. — Les protestants contemporains l'entendaient bien ainsi. Cela n'empêche pas M. Michelet de voir dans cet emblème l'image naïve de Guise, recherchant les Bourbons, les étreignant par alliance, et peu à peu les étouffant. ( *Guerres de religion*, p. 53, 1858.) — Le cardinal et son frère purent être ambitieux ; mais ils n'étouffèrent personne et ne prétendirent ni à supplanter les Bourbons, ni à monter sur le trône de France. De tous les princes de ce temps, ils étaient les plus capables, et la monarchie faisait preuve d'intelligence en s'appuyant sur eux. De fait, ils étaient la pyramide, et le lierre eût bien représenté les jeunes enfants de Henry II.

Sur la pyramide abatue
Une neufve commencerons,
Qu'à nostre Dieu nous dresserons,
Non pas comme l'autre cornue.

Et dessus sa teste pointue
Ta lune nous ne laisserons,
Mais le soleil y poserons,
Dont la face tout évertue.

Et pour le lyerre ambitieux,
Du laurier favory des cieux
Sera tout à l'entour enceinte.

De monter trop haut ne craindra ;
Car quand au ciel elle atteindra,
Elle est à Dieu vouée et sainte.

# ANAGRAMME

## DE LA DEVISE
## DU CARDINAL DE LORRAINE.
## 1547-1574.

---

*Te stante, virebo* (1) :
Sire, va-t'en botté.
*Cadente, peribo :*
Robin, pète de ça (2).

(1) Bibliothèque nationale. — Fonds Gaignières. Collect. RASSE DE NOEUX. — Guerres civiles, t. I, p. 16.

(2) La devise du cardinal, comme nous l'avons dit, était : — *Te stante, virebo ; te cadente peribo*. — Elle expliquait l'emblème qu'il avait adopté : un lierre grimpant le long d'une pyramide. — Les reliures faites pour les livres notables de sa bibliothèque portaient cet insigne sur leur plat. La ville de Reims en possède quelques-uns ainsi décorés. — L'anagramme du premier vers est un congé, un ordre de départ que le cardinal donnerait au roi, soit Henry II, soit François II. — Les protestants accusaient les Guises de prétendre à la couronne. Le verbe du dernier vers doit signifier ici *crever*. — Robin est l'homme à la robe rouge, le cardinal. — Il était encore au concile de Trente lorsqu'il apprit l'assassinat de son frère. Avant cette mort, il se vantait que jamais aucun ennemi n'avait attenté à sa vie. — *Conjonction*, fol. 55, verso.

## LA DEVISE DU CARDINAL DE LORRAINE.

### 1547-1574.

La devise de lyerre est bien propre pour
[toy (1),
Cardinal ruyneux, et n'y a que redire ;
Car, si nous l'entendons, lyerre tu te veux dire,
Et par la pyramide est entendu le roy.

Jamais on ne planta lyerre contre paroy :
De luy mesme il vient, l'embrasse et s'en fait
[sire :
Tout ainsy on t'a veu toy mesme t'introduire
A lier nostre prince et à luy donner loy.

Lyerre semble enrichir le mur et le tenir :
Mais en la fin il le fait en ruyne venir,
S'on ne l'arrache avant que dans la pierre il
[mine :

Tu seras arraché, car miner on te void

(1) Collection RASSE DE NOEUX, t. I, p. 25.

Desjà la pyramide, et un chascun prévoit
Qu'en vain tu n'es nommé Charles de la Ruine(1).

(1) Ce sonnet se termine par un jeu de mots : de Charles de Lorraine à Charles de la Ruine, il n'y a que la main. — Le cardinal avait d'immenses revenus ; il put recevoir du roi de belles gratifications. Il eut, sans aucun doute, le maniement du trésor, mais il était généreux et charitable. Il aimait à donner et à faire de grandes fondations. — Reims et la Champagne en gardent bonne mémoire : néanmoins, les calvinistes l'accusèrent de thésauriser et de faire valoir ses fonds à Venise à gros intérêts, comme un usurier : calomnie qui reparaît, au besoin, d'âge en âge, contre les ministres qu'on veut renverser. Quant à Charles de Lorraine, il mourut en 1574. — Il laissa 200,000 écus de dettes, et le duc de Guise, son neveu, qu'il institua son légataire universel (afin qu'il fust plus soigneux de payer ses debtes), vendit sa vaisselle d'argent et emprunta de l'argent aux bourgeois de Reims pour faire face aux funérailles de ce grand homme. Charles de Lorraine était mort Charles *le Ruiné*.

## ESTREINES AUX DEUX FRÈRES.

### 1555-1563.

Quelque mine que tu face (1),
Bien aussy fasché te voy,
De mourir sans estre pape
Que cestuy sans estre roy (2).

(1) Collection RASSE DE NOEUX, t. I, p. 17.

(2) Ce sont toujours les mêmes calomnies. Nous y avons déjà répondu. — Le dernier vers est tout à la fois une allusion au projet que les protestants prêtaient au duc de Guise d'usurper la couronne de France, et à la campagne par lui faite en Italie en 1555. A la sollicitation du pape Paul IV, les Français avaient passé les monts pour aller repousser les Espagnols et conquérir encore une fois le royaume de Naples. Le duc de Guise, comme petit-fils de Réné d'Anjou, pouvait avoir quelques droits à la couronne des Deux-Sicies. Il fut arrêté dans sa marche par la nouvelle de la fatale bataille de Saint-Quentin. Il revint sans hésiter en France. Nommé lieutenant-général des armées françaises, il ramena la victoire sous nos drapeaux, et la gloire d'avoir chassé les Impériaux de Picardie et de Lorraine, et les troupes anglaises de Calais, le consola d'avoir perdu l'occasion de porter un sceptre.

## AUX PAPISTES.

## 1556-1560.

---

Papistes aveuglés, vous verrez maintenant (1)
Le Dieu, le Dieu, le fort, que nommez par risée
Père de vérité, par vous tous mesprisée,
Lequel party des deux il sera soustenant.

Si de son fils Jesus le party est tenant,
Vostre Pape, antéchrist, a la teste brisée,
Et sa religion, dont longtemps abusée
Nostre France a esté, s'en ira à néant.

Hélas! que feront lors Hugonis, Pelletier,
Viger et Séneschal? Fauldra qu'aultre mestier,
Avecques leurs compagnons, ils apprennent pour
[vivres.

Non! non! il vault mieulx hors France les
[jetter (2),
Avec Villegagnon, pour terres conquester (3),

---

(1) Fonds Gaignières, n° 485, p. 148. —De ce texte il existe deux versions, dont les variantes ont de l'interêt.

(2) Variante : Hors la France chasser.

(3) Variante : Ces mastins, qui ne font que tumultes brasser.

Rendant nostre pays de telles gens délivre (1).

(1) Délivré, débarrassé.
Cette pièce est des plus curieuses. — Un mot d'abord des noms qui s'y trouvent. Les quatre personnages désignés dans les 9° et 10° vers sont des champions de la foi catholique. — Hugonis était un des orateurs les plus sérieux du catholicisme : il joua plus tard un rôle sous la Ligue. — Jean Pelletier, grand-maître du collége de Navarre et curé de Saint-Jacques-la-Boucherie, fut un ecclésiastique érudit et éloquent. Il fut envoyé par le clergé français au concile de Trente et mourut en 1588. Il était l'oncle du fameux ligueur Jacques Pelletier, curé de Saint-Jacques-la-Boucherie après lui. — Simon Viger, né à Evreux vers 1500, mort archevêque de Narbonne, en 1575, figurait aussi au concile de Trente. Aussi zélé que savant, il laissa quelques ouvrages estimés, et ramena dans le giron de l'Eglise un grand nombre de protestants. — Sénéschal, zélé catholique et, par suite, peu cher aux huguenots.
Quant à Nicolas Durand de Villegaignon, c'était un gentilhomme champenois, né à Provins, vers 1500. Chevalier de Malte et neveu du célèbre Villiers de l'Isle-Adam, après avoir longtemps mené la vie aventureuse des marins, il obtint de l'amiral de Coligny les moyens de faire une expédition en Amérique, sous prétexte d'y établir une colonie où pourraient se retirer les protestants persécutés. Il réussit à fonder au Brésil un établissement qui périt au milieu de nos guerres civiles. De retour en France, il écrivit contre Calvin et mourut en 1571. — Un autre Champenois, Jean Edoard, a traduit une partie de ses œuvres, qu'il avait écrites en latin.
En comparant les variantes de cette ballade, on voit ce que les protestants se proposaient de faire des orateurs catholiques.

# MENACE DE MORT

## CONTRE

## LE CARDINAL DE LORRAINE.

## 1559.

Garde toy, cardinal (1),
Que tu ne sois traité
A la Minarde (2),
D'une stuarde.

(1) *Mémoires de* Castelnau, édition de 1731, t. I, p. 355.

(2) Antoine Minard, président à mortier au parlement de Paris, avait été chargé de conduire la procédure dirigée contre Dubourg et quelques autres conseillers accusés de protestantisme. — Dubourg avait récusé Minard, et comme ce magistrat n'avait pas cru devoir s'abstenir, il lui dit que Dieu l'y forcerait bien (Mezeray, t. III, p. 159). — Le 12 Décembre 1559, entre cinq et six heures du soir, le président Minard revenait du palais ; il allait rentrer dans son hôtel, rue Vieille-du-Temple, quand il fut assassiné d'un coup de pistolet.—On accusa de ce crime Robert Stuart, seigneur d'Aubigny ; mais l'instruction dirigée contre lui ne fut jamais achevée. Il parvint à se sauver, et nous le retrouverons dans l'histoire des atrocités qui ont souillé nos guerres civiles. — Dès lors, on désigna sous le nom de *stuarde* toute balle de pistolet, et surtout la balle empoisonnée.

Mezeray dit aussi qu'on tint pour constant que le premier président du parlement, Le Maistre, courut le même danger que Minard, mais il fut plus heureux et put échapper à la mort qui le menaçait. Il n'en fut pas ainsi du greffier Julien Frome : il portait un jour, au parlement des mémoires et des papiers relatifs à la procédure suivie contre Dubourg, lorsqu'il fut aussi assassiné. (*Mémoires de* CASTELNAU, t. I, liv. I, p. 9. Edition de 1659.)

Voici comment d'Aubigné (*Histoire universelle*, Amsterdam, 1626, p. 123) apprécie ces évènements.— « Quelques uns ont pensé que la mort du président Minard, tué quelques jours devant, d'un coup de pistolet, près du palais, avait appris aux juges les plus rigoureux à mettre de l'eau dans leur vin. » — Dubourg seul fut condamné à mort. Ses co-accusés se tirèrent d'affaire.

Niceron (t. XL) cite une publication que nous n'avons pu consulter : en voici le texte :—*In violentem et atrocem cædem Antonii Minardi præsidis inculpatissimi Nænia*. Paris, 1559, in-4°. — L'auteur se nommait Mizauld. — Les protestants crurent sans doute se justifier par l'anagramme qui suit :—*Antonius Minarius : Minois ruina natus*.

On comprend maintenant la portée de la menace adressée au cardinal.

## COMPLAINTE DE LA FRANCE.
## 1559.

Hélas! mon Dieu, que t'ay-je fait (1)?
De jour en jour je suis en peine,
Tyrannisée, et sans forfait,
Par deux larrons, qui ont ma haine (2).
De mes deniers ma bourse est pleine (3);
Quant à l'honneur, il est perdu,
Si par toy seul n'est deffendu ;
Et puis, par un destin fatal,
Affin qu'il soit mieux entendu,
M'ont envoyée à l'hospital (4).

(1) Collection de RASSE DE NOEUX, t. I, p. 23. — A cette épigramme se trouve jointe cette note :—« Ces deux larrons ont basti un hospital pour loger la France. »

(2) Ces deux larrons sont le cardinal de Lorraine et son frère, le duc de Guise.

(3) Il faut lire : De mes deniers leur bourse est pleine.

(4) Il s'agit de Michel de l'Hospital, chancelier de France, fils d'un médecin du duc de Bourbon, homme vertueux, instruit, plein d'excellentes intentions, mais trop faible pour lutter contre l'ambition des hommes d'épée qui l'entouraient. Né en 1504, il servit son pays avec honneur pendant trente-quatre ans, et mourut en 1573, estimé de toutes les factions.

## AUX LORRAINS.
## 1559-1562.

Si vous voulez de vostre nom (1)
Tost avoir certaines nouvelles,
Ostez un *i* de vostre nom
Et transportez les deux voyelles (2).

(1) Collection RASSE DE NOEUX, t. I, p. 17.

(2) En ôtant du mot *Lorrains* la voyelle *i*, il reste *Lorrans*, — et en changeant de place les voyelles *a* et *o*, on obtient *Larrons*.

Il est facile de répondre à cette calomnie : c'est le cardinal de Lorraine qui fit nommer surintendaut des finances le vertueux Michel de l'Hospital; plus tard, il lui fit obtenir le titre de conseiller d'Etat, et enfin, il lui confia les sceaux de France. Sous leur administration, les prévaricateurs furent poursuivis avec rigueur, et les commis de la surintendance refusèrent d'acquitter les dépenses qui ne tournaient pas au profit de l'Etat.

## DU CARDINAL.

### 1559-1574.

Loup ravissant, tigre trop inhumain (1),
Enflé d'orgueil et de cent maléfice,
Cessera point ta ravissante main
A fourraiger la France, ta nourrice ?
Regarde à toy et au futur supplice,
Dont tu ne peux nullement eschapper :
Je te voy ja traisner, lier, happer.
Ne crains tu point, estant dessus l'eschelle ?
Attens un peu : on te vient attraper.
L'enfer aussi est tout prest, qui t'appelle (2).


(1) Collection de RASSE DE NOEUX, t. I, p. 19.

(2) Cette pièce n'a pas de date précise : les aménités littéraires des calvinistes ont salué le cardinal de Lorraine depuis son avènement au pouvoir jusqu'à sa mort.

## DE FRANÇOIS DE LORRAINE,

### DUC DE GUYSE.

### 1559-1562.

Si tu es, par ta finesse (1),
Le larron du roy de France,
Abusant de sa simplesse
Et de sa jeune innocence,
Ton nom porte bien en soy :
— Fin larron es de ce roy.

### DE LUY MESME.

Tu n'as esté content, o François de Lorraine,
En deux règnes suyvans avoir tant butiné,

---

(1) Collection de RASSE DE NOEUX, t. I, p. 123. — La malice de ces deux pièces consiste dans l'anagramme qui les termine. — Le nom de leur auteur est inconnu : quelle perte pour le Parnasse français ! — Les beaux esprits de la Réforme n'ont pas été moins heureux en creusant le nom du duc de Guise, qu'en disséquant celui de son frère. François de Lorraine, duc de Guise, naquit à Bar-le-Duc, en 1519. Fils d'un bon capitaine, il mania l'épée dès sa jeunesse. En 1542, il signala sa valeur à la prise de Montmédy; en 1543, en secourant Landrecies ; en 1544, en défendant Saint-Dizier. —En 1553, il sauvait la ville de Metz assiégée par Charles-Quint. En 1554, vainqueur au combat de Renty, il entreprenait, l'année suivante, une brillante campagne en Italie, quand la perte de la bataille de Saint-Quentin força la Cour à le rappeler. Il revint et chassa les Espagnols. En 1558, il leur enlevait Thionville. En 1559, il balayait de Calais les derniers bataillons de l'Angleterre campés en

Ayant France réduit proche de sa ruyne.
Mais de Charles aussi le regne as mutiné
Par guerre, dont chascun est en très grand
[maloyse.
Ton nom te convient bien : —Larron, farcy de
[noise.

France. C'est lui qui réduisit à néant la conjuration d'Amboise. Cependant il vit son crédit pâlir à l'avènement de Charles IX. Rappelé bientôt pour sauver la couronne des entreprises des protestants, il leur enleva Bourges et Rouen. Vainqueur à la journée de Dreux, il va mettre le siége devant Orléans, le boulevard des calvinistes. Le 18 Février 1563, il est assassiné par Poltrot de Meré, et meurt six jours après, âgé de 44 ans.

Les évènements arrivés à Vassy, dont nous allons parler bientôt, furent le prétexte de la haine que lui vouèrent les protestants ; mais la cause véritable de leur animosité fut d'abord sa grande valeur personnelle, qui maintenait la victoire sous le drapeau dont il ne cessa d'être le loyal serviteur. Ce fut ensuite son ambition exigeante, que la Cour satisfaisait à grand'peine.—Son seul tort fut d'avoir réuni sur sa tête les titres de duc de Guise, duc d'Aumale, prince de Joinville, marquis de Mayenne, chevalier de l'ordre du roi, pair de France, grand-maître de la maison du roi, grand-chambellan, grand-veneur de France, lieutenant-général de l'Etat, gouverneur du Dauphiné, de Champagne et de Brie. — Tant de faveurs, tant de revenus qu'elles entraînaient avec elles, lui firent des ennemis implacables. Sa gloire avait bravé l'envie : mais, un jour, le serpent releva la tête, et sa vengeance fut sans pitié.

## DES LORRAINS.
## 1560.

Pour des puis-nez et cadets de Lorraine (1),
Faut-il avoir si souvent des assaux !
Faut-il qu'un peuple endure tant de maux,
Et que de tout il soit mis en ruine !

Est-ce raison que l'estranger domine (2)
Le légitime, à force et à violence (3) ?
Est-ce raison que nos princes de France
Soyent déchassez, et leur bien en butine ?

O faulse race, et tygres de Guysars,
On sçait assez que vieux traistres renards,
Ainsi que vous, sont tous prets à mal faire.

Mais tous ces maux vous seront chers ven-
[dus (4) :
Car, comme Aman, au bois serez pendus,
Qui fut dressé pour l'innocent deffaire.

---

(1) Fonds Gaignières, n° 485, AB. — René II, duc de Lorraine, fut le père d'Antoine, duc de Lorraine après lui, et de Claude de Lorraine, d'abord duc d'Aumale. Ce dernier, en récompense des services rendus à la France, fut créé duc de Guise par François I<sup>er</sup>, et fut le chef de la famille qui devait immortaliser ce titre.

(2) La Lorraine n'était pas considérée comme terre française, mais le premier duc de Guise s'était fait naturaliser.

(3) Allusion à la lutte des maisons de Guise et de Bourbon.

(4) Ces derniers vers permettent de croire qu'ils furent composés après la conjuration d'Amboise et l'arrestation du prince de Condé.

## AU DUC DE GUYSE.

### 1559-1562.

Cœur de crappaut crévant d'ambition (1),
Et bruslant tout d'un désir d'estre roy,
Ne feis-tu pas des trefves fraction,
Dont France feust en très grand désarroy,
Quand tu pensois Naples prendre pour toy (2)?
Puis désirant exterminer la race
De Hué Cappet, ne prins tu pas l'audace
De te vanter extrait de Charlemaigne (3) ?

(1) Collection de RASSE DE NOEUX, t. I, p. 72.

(2) L'auteur fait allusion aux prétentions de la famille de Lorraine au trône de Naples : elle descendait effectivement des anciens souverains du pays par Yolande d'Anjou, femme de Ferry, duc de Lorraine, et tenta de faire valoir ses droits jusqu'au milieu du XVII<sup>e</sup> siècle. — En fait, en 1555, le duc de Guise, à la tête d'une armée française, avait passé les monts, d'abord pour délivrer le pape Paul IV, ménacé par l'empereur, et ensuite pour chasser les Espagnols des Deux-Siciles. Peut-être le duc de Guise, si les circonstances l'eussent permis, eût-il profité de l'occasion pour faire valoir ses droits ; mais la perte de la bataille de Saint-Quentin changea ses plans. Il abandonna ses rêves de royauté pour revenir en France arrêter la marche du duc de Savoye, et eut l'honneur de repousser l'invasion.

(3) Charles de France, duc de la Basse-Lorraine, héritier légitime du trône de Charlemagne et compétiteur malheureux de Hugues Capet, mourut en prison. Il laissa deux fils, dont l'histoire est inconnue. Leur fin mystérieuse permit aux courtisans de la maison de Lorraine, dont le berceau, d'ailleurs, se perd dans la nuit des âges, de lui dire qu'elle représentait cette race déshéritée. MM. de Guise firent la faute de sourire à cette flatterie ; mais ce ne fut alors qu'une affaire de vanité : quelques historiographes complaisants

> Ha ! fin renard, on descouvre ta trace,
> Et on sçait bien pour quoy file l'araigne.

dressèrent même, à cette occasion, des arbres généalogiques qui faisaient descendre en ligne droite la maison de Lorraine des derniers Carlovingiens (V. DE THOU, t. III, liv. 78.) Cependant Richard de Wassebourg, le premier historien des ducs de Lorraine (1549), fut contraire à cette fantaisie vaniteuse.

A l'époque où parurent les chansons que nous éditons, vivait François de Rozières, érudit et clerc. Il publiait à Reims, chez J. de Foigny, vers 1569, un *Traité de politique*, et en 1571, un *Sommaire des vertus*. — La protection de Charles de Lorraine le fit arriver à la place d'archidiacre de Toul. Plus tard, après la mort du cardinal, alors que ses neveux, plus ambitieux que leur père, prétendirent renverser la maison de France et lui succéder, ils furent assez fous pour prendre au sérieux les fables qui les rattachaient aux enfants de Charles, duc de la Basse-Lorraine ; et à leur instigation, François de Rozières eut l'audace de les soutenir gravement dans un volume petit in-folio qu'il publiait sous ce titre : *Stemmata Lotharingiæ et Barri ducum tomi VIII — ab Antenore Trojano, ad Caroli III ducis tempora.* — Paris, *Chaudière*, 1580. (Chaudière était l'imprimeur de la maison de Lorraine.) Comme on le voit, l'auteur ne faisait pas les choses à demi, puisqu'il rattachait l'origine de la maison de Lorraine à la ruine de Troie en Troade. — Le scandale fut grand et le gouvernement, cette fois, fut inquiet. — Pontus de Thiard, évêque de Châlon-sur-Saône, répondit par de savantes pages à cette imprudente publication. Le parlement la fit saisir, et, par arrêt du 26 Avril 1583, le volume de F. de Rozières fut lacéré publiquement, en présence de l'auteur. Ce malheureux dut faire amende honorable, à genoux, et avouer ses mensonges. Il fut de plus condamné pour crime de lèse-majesté, mais Henri III lui fit grâce. — Le duc de Lorraine et MM. de Guise finirent par avoir honte du rôle aussi ridicule que coupable qu'ils avaient accepté : dans une brochure qui fit grand bruit, ils désavouèrent le malencontreux généalogiste : ce pauvre diable finit même par être mis en prison par ordre du duc de Lorraine. Sévère leçon donnée par l'histoire aux gens de lettres qui mettent leur plume à la solde des princes ambitieux.

## CANTIQUE SOLEMNEL

DE L'ÉGLISE D'ORLÉANS

*Sur la délivrance que Dieu feit de son peuple le cinquiesme Décembre 1560.*

Sur le chant du pseaume LXXIIII :

*Or peult bien dire Israel.*

1560.

---

De jour en jour et d'an en an venant (1),
Chantons de Dieu la seure et grand bonté,
Qui à ce jour osta ceste cité
A l'ennemy furieux, et desseignant
La faire proye à toute cruauté.

Comme l'autour fait furieusement
Sur le gibier, aussi nos ennemis

---

(1) Collection de RASSE DE NOEUX, t. III, 2ᵉ partie, p. 112. — La date du 5 Décembre, que porte cette pièce, est celle de la mort de François II. — Après la conspiration d'Amboise, la Cour avait convoqué les Etats-Généraux à Orléans. Le prince de Condé, dès son arrivée dans cette ville, fut arrêté comme auteur d'une nouvelle conjuration. Une instruction fut commencée contre lui : on prétend que son arrêt de mort fut rédigé, peut-être même signé ; mais le trépas de François II changea la face des choses. La maison de Lorraine fit place à la famille des Bourbons : Condé fut mis en liberté, reçut sa grâce, et le parti calviniste conçut alors l'espérance de reprendre crédit à la Cour. — De là ce cantique solennel, qui se termine par des menaces.

Tout en un coup dessus nous se sont mis,
Qu'à peine estoit de grouiller seulement,
Dessus leurs pieds aux fidelles permis.

Ils nous avoyent tellement empressés,
Troublés d'effroy d'un si soudain assault,
Que nous disions le Seigneur de la hault
De sa faveur nous avoir délaissez :
Bien voyons nous que de nous ne luy chault !

Que les excès, les injures et torts,
Que l'on nous fait, s'il regardoit icy,
Voudroit-il bien endurer tout cecy ?
Viendroit-il point repousser leurs efforts ?
Mais ja ne veult avoir de nous mercy !

Et toutesfois, à celuy qui le craint,
Il est sans fin très-favourable et doulx,
Et sa pitié il estend dessus tous :
Qui à leurs maux réclament son nom sainct
Et un besoing, sur le champ sont recoux.

Prens donc, Seigneur, mercy de tes enfans,
Et payes toy des maulx qu'ils ont soufferts.
Que ces lions, aux grands gosiers ouverts,
Ne viennent point nous manger comme fans
(faons),
S'esjouissant de nos maulx, les pervers !

Afin que iceulx, cognoissant le support
Qu'avons de toy, amollissent leur cueur,
Pour admirer ta bénigne grandeur,
Et que de nous, par toy recous de mort,
Soit à jamais célébré ton honneur.

Alors, Seigneur, l'oreille nous prestas,
En nous donnant secours, quand il fut temps,
Inopinné à ces meschantes gens ;
D'entre leurs mains tremblantes nous ostas,
Qui nous portoyent déjà dessus leurs dents.

O quel effroy saisit leur cueur de veoir
Leurs prisonniers et ton secours soudain
Leur arracher l'espée de la main
Où ils avoyent posé tout leur espoir :
Lors les poignit leur forfait inhumain.

Mais tes enfans se resjouyssent tous
En toy, Seigneur, qui la gent te craignant,
Vient recouvrer du mal l'environnant.
Par quoy aussi seras chanté de nous
De jour en jour, et d'an en an venant.

*Fin du cantique.*

---

AU LECTEUR.

Voylà comment ce bon Dieu souverain
Maintient les siens, les deffend et les garde
De la fureur, de la rage et la main,
De tous tyrans, et point ne les hazarde ;
Car les harnois, pistolles ou hallebardes,
Où gist l'espoir des meschans ou pervers,
Ne dureront, combien qu'un peu il tarde :
Le jour viendra, qu'ils cherront à l'envers.

## DU CARDINAL.

### 1550-1570.

Charles Lorrain, le cardinal (1)
Incestueux, abominable (2),
S'est donné corps et ame au diable
Si, tant qu'il vivra, ne fait mal.

(1) Collection de RASSE DE NOEUX, t. I, p. 17. — Ce quatrain entre les autres pièces de ce recueil n'est qu'une plaisanterie mêlée d'un peu de calomnie, tant il est bon de n'en pas perdre l'habitude ; et puis il en reste toujours quelque chose.

(2) Charles de Lorraine, dans ses voyages en Italie, avait fréquenté la cour d'Hercule d'Este, duc de Ferrare ; naturellement il y avait vu la princesse Anne d'Este dans ses jeunes années, et quand elle épousa, vers 1548, François, duc de Guise, Charles resta dans les termes d'une familiarité bien explicable, sans calomnie, avec sa belle-sœur. —La duchesse de Guise était, par sa mère Renée de France, petite-fille de Louis XII. Elle était fort belle, et ne pardonna jamais aux huguenots l'assassinat de son mari. De là les méchancetés répandues contre elle. En secondes noces, elle s'unit à Jacques de Savoye, duc de Nemours, que les poètes calvinistes n'épargnèrent pas non plus. La duchesse de Nemours mourut en 1607.

## DU ROUGE RENARD.

### 1557-1574.

---

Je n'ayme onc—Reynard, ton alliance (1).
A te desplaire  — je quiers incessamment.
Je ne veux donc — à toy prendre acointance.
Ennuy te faire  — est tout mon pensement.
Te donner blasme—est mon ébatement.
Je ne pry ame  —  à te faire service.
Le diable entraîne—cil qui est ton amant.
Qui t'a en haine— tousjours  prospérer
                          [puisse (2)!

(1) Collection RASSE DE NOEUX, t. I, p. 48.
(2) Ce huitain est un chef-d'œuvre de patience et de génie. Les vers de dix syllabes forment un sirvente contre le cardinal ; mais, en coupant les vers à la césure, et en les lisant du haut en bas et du bas en haut, on obtient deux huitains très-sympathiques au *rouge Renard*. — Voilà comme la Réforme avait tout d'un coup porté les lettres françaises au *nec plus ultra* de l'ingénieux.

## DU CARDINAL.

### 1559.

Le Lorrain, au rouge chapeau (1),
Dessous le roy Henry grand veau (2),
Et soubz François petit lion (3),
A fait des maux un million.

(1) Collection RASSE DE NOEUX, t. I, p. 17. — Ce quatrain n'est pas bien méchant. S'il a trouvé place ici, c'est parce que, dans le recueil de Rasse de Noeux, il est écrit en encre rouge. Du reste, il ne contient ni anagramme, ni acrostiche, pas même une malice.

(2) Il s'agit de Henry II, qu'on accusait de se laisser mener par le cardinal. S'il s'était laissé mener par un huguenot, quel grand prince il eût été !

(3) François II ne fut pas même un lionceau : ce ne fut qu'un pauvre enfant.

## DU CARDINAL DE LORRAINE.

### 1559-1560.

Si lors qu'Henry vivoit encor (1),
Tu as, meschant, ravy tout l'or
Et tout le bien de France, en sorte
Que le peuple en est appauvry,
Ton nom tourné à bon droit porte
Que — Raclé as l'or de Henry (2).

(1) Collection de Rasse de Nœux, t. I, p. 122. — Toujours des anagrammes ! — N'en fait pas qui veut.

(2) Il s'agit de Henry II, mort le 10 Juillet 1559. Pourquoi donc aussi Charles de Lorraine ne distribuait-il pas aux mécontents l'or de Henry ? Quel bel usage il en eût fait.... au point de vue de sa popularité !

## SONNET

SUR CES DEUX VERSETS
DU *MAGNIFICAT* :
Fecit potentiam et Deposuit potentes,
CONTRE LES TYRANS DE LA FRANCE.
1560.

---

L'Eternel par son bras a fait des choses [grandes (1)
Contre la sapience et puissance mondaines :
Les Guysiers tyrans par leur cheute soudaine
En sçavoyent bien que dire avec leurs belles [bandes.

---

(1) Collection RASSE DE NOEUX, t. I, p. 22. — Cette pièce dut être composée après la mort de François II, au moment où l'astre de la maison de Lorraine pâlit. Les Bourbons, leurs partisans et avec eux les calvinistes revinrent en crédit à la Cour. La fin de ce sonnet est une allusion à la promotion des chevaliers de Saint-Michel faite à l'occasion du sacre de François II. MM. de Lorraine, pour se faire des partisans, donnèrent dix-huit colliers de l'ordre, chiffre énorme pour le temps où l'on n'était pas encore habitué à voir prodiguer les faveurs. Aussi La Roche du Maine infligea-t-il alors à cette décoration, jusque là très-recherchée, le nom de *colliers à toutes bêtes*. Les distinctions prodiguées sans discernement ne font que des ingrats et des jaloux. Les ennemis des Guises, exclus de cette pluie de croix, n'en furent que plus envieux, et le discrédit dans lequel tomba l'ordre de Saint-Michel amena plus tard Henry III à créer celui du Saint-Esprit.

Comme ils ont dispersé son troupeau hors des
[landes
De la plaine françoise, ainsi il a fait vaine
De leur cœur la pensée orgueilleuse et hautaine,
Par laquelle on payoit de si grosses amendes !

Il les a déposés de leurs siéges dorés,
Où ils estoyent déjà comme dieux adorés,
Voire des chevaliers, dont le nombre ancien

S'est pour eux augmenté, et a mis en leur
[lieu
Les humbles, lui voullant rendre comme au
[seul Dieu
L'honneur que reçoit d'eux l'idole, qui n'est
[rien.

## SONNET AU ROI

### SUR LES ORDRES DU PAPE
DONNÉS A MM. DE DAMPVILLE ET DE MONTLUC (1).

Faut-il que maintenant vostre ordre soit en
[guerre,
Et que le Pape en ait une de son costé,
Et que vostre grandeur cède à sa primauté,
Qui prend vos chevaliers pour deffendre sa terre !

N'estoit-ce point assez de voir en vostre terre
L'Antéchrist usurper une principauté,
Et disclaver vos loix dessous la papauté,
Vous faisant adorer l'apostat de saint Pierre ?

Qu'attendons-nous encor ? sinon que les
[Romains
Viennent bientost oster le sceptre de vos mains,
Pour vous faire baiser les pieds de ce grand
[prestre.

(1) *Mémoires de* CASTELNAU, t. II, liv. 4, p. 138. — Cette pièce est encore, comme la précédente, le cri de l'envie. — De plus, on y voit déjà la tactique employée tant de fois depuis par les hommes de révolution. L'auteur essaie de déprécier l'ordre de Saint-Michel, qu'on ne donnait pas aux protestants.

Les deux chevaliers faits par le pape sont: Henry de Montmorency, seigneur de Damville, deuxième fils du connétable Anne. C'est lui qui fit Condé prisonnier à la bataille de Dreux. Maréchal de France en 1566, il n'était

Sire, s'il est ainsi, où est le chevalier
Qui se voudra vanter d'avoir vostre collier,
Si vostre saint Michel a Sathan pour son maistre ?

pas l'ami des Guises, et, tout catholique qu'il était, il eût été compris dans le massacre de la Saint-Barthélemy, s'il ne se fût mis en sûreté. Retiré dans le midi de la France, il réunit des amis, des partisans, des troupes, et plus tard se mit à la tête des politiques, c'est-à-dire des légitimistes. Après la mort de Henry III, il fit reconnaître Henry IV dans le Languedoc. A la fin de sa vie, il reçut l'épée de connétable et mourut en 1614.

Blaise de Lasseran-Massencome, seigneur de Montluc, né vers 1502, d'abord soldat sous Bayard, intrépide général, maréchal de France en 1573 ; il mourut en 1577, laissant des mémoires sur les évènements du XVIe siècle. Les protestants le surnommèrent le *boucher royaliste*. Il les traitait en rebelles, et resta convaincu toute sa vie que la religion n'était pour rien dans les guerres civiles de son temps.

## AU CARDINAL.

### 1560-1564.

Tu as, cardinal maudit (1),
Par ta soudaine ruyne,
De la puissance divine
L'effect qu'on t'avoit prédit.

Pour tout ce qu'on t'en a dit,
Tu n'as point changé de mine ;
Ores que Dieu t'extermine,
Moque toy de son édit.

Tu as Orléans et Loyre
Eslevé, pour de ta gloire
Y dresser un eschaffaut :

Mais Loyre et Orléans rient
De tout ton orgueil, et crient
Vengeance à Dieu de là haut !

(1) Collection de RASSE DE NOEUX, t. I, p. 17. — Ce sonnet n'a pas de date précise. — Il put être composé au moment de la mort de François II à Orléans, lorsque la maison de Guise vit son étoile pâlir devant celle des Bourbons. — Le cardinal, à cette époque, se retira dans son diocèse. — Ces vers purent de même être rimés lorsqu'après l'assassinat du duc de Guise, Charles de Lorraine revint à Reims pour quelque temps. — Dans tous les cas, ils sont l'expression de la haine menaçante, le cri de la *vendetta*.

# ECHO

## SUR L'ADIEU DU CARDINAL DE LORRAINE,

## ARCHEVÊQUE DE REIMS.

### 1561.

Hélas ! hélas ! seroit-il bien possible (1)
Que du tyran l'arrogance invincible
Fust mise à bas, ainsy que j'ay ouy ? — Ouy.
Qui est celuy qui me met hors d'émoy ? —
[— Moy.
Sais tu quelle est la douleur qu'il endure ?
[— Dure.
Ne vit-il pas en peine et déconfort ? — Fort.

Voy donc que sert l'orgueil du terrien ?
[Rien.
Jamais aussy d'aucun n'eut bon renom ? —
[— Non.

---

(1) Imprimé à Reims, 1561. — Nous croyons peu à la véracité de cette indication. Dans le même volume où se trouve cette diatribe, sont un cantique adressé à Louis de Bourbon, deux sonnets à la princesse de Condé, et quelques vers contre les papes. — En 1561, il n'y avait à Reims qu'un seul typographe, Chaudière, l'imprimeur de l'archevêque ; il n'a pas dû se prêter à de pareilles attaques. — Les mots — *Imprimé à Reims* — ne sont qu'une bravade. — Cette pièce put être composée après le massacre de Vassy, alors que les calvinistes, qui avaient porté leurs plaintes au château de Monceaux en Brie, où se trouvait la Cour, espéraient obtenir la disgrâce du cardinal de Lorraine.

Mais qui l'a mis en si grande souffrance ? —
[France.
Où sont fichez maintenant ses ébats ? — Bas.
Oh! quel tourment saisira son courage ? —
[Rage.
Qui l'a contraint enfin de dire adieu ? — Dieu.
Quel s'est montré son bras en cet endroit ?
[— Droit.

Or donc, esprits de droite nature,
Ja ne craignez de chanter la droiture
De vostre Dieu : faites qu'en toutes parts
Soit son renom et sa grandeur espars.
Le temps n'est plus qu'un rouge enluminé
Guidoit les pas d'un jeune couronné.
Le temps n'est plus que, par cauteleux arts,
Estoit en bruit la maison des Guisarts.
Le temps n'est plus que, par leur grand malice,
Condamnoyent tous les esleus au supplice.

## ESTREINES AU CARDINAL

## 1561.

Au cardinal de Lorraine (1).
    Porte estreine
Le saige Dieu tout puissant !
D'une fouldre, qui tout mine,
    L'extermine,
De ses maux le punissant (2) !

Luy oste aussi la lumière
    Journailière,
Et le mette au plus bas lieu
Des enfers, et de la sorte
    Sa cohorte
Soit confondue en tout lieu (3) !

---

(1) Collection RASSE DE NOEUX, t. I, p. 17.
(2) De ses mauvaises actions.
(3) Tant de fiel entre-t-il dans l'âme des devots.
Il est vrai que les protestants n'étaient pas dévots, mais simplement des saints (c'est au moins ce qu'ils disaient dans leurs cantiques), ce qui est bien différent.

# CANTIQUE SUR LE PSAUME XXXV.

## 1564.

Seigneur, des armées le Dieu (1),
Accompagne-nous en tout lyeu
Où nous irons pour la deffense
De ton saint nom. Sus donc ! avance !
Foudroye tout de tes deux mains :
Destruis les complots inhumains
Et faulses machinations
Contre tes constitutions.

Fay que cognoissent les meschans,
Qui sont par les villes et champs,
Combien est juste la querelle
Que veut maintenir tout fidelle :
Ce n'est chose faitte à plaisir,
A la fantaisie ou désir
De nostre cerveau esgaré ;
Mais c'est ton voulloir asseuré.

Oste la toille de tes yeux
Et recognoy le Dieu des cyeux,

---

(1) Collection RASSE DE NOEUX, t. III, 2ᵉ partie, p. 72.

Peuple abruty ! tombe par terre
Tes idoles de boys et de pierre !
Pense désormais retourner
A cil qui fait tes bleds grener,
Et qui te baille tous les biens,
Dont te nourris toy et les tiens.

Pauvres séduits et abusés,
Sus ! il est temps que reduysez
Au Dieu vivant vostre fiance
Et sortiez de vostre ignorance,
Qui, las ! tant brutale a esté,
Qu'elle vous a tous arresté,
Croyant qu'un blanc idole infait (sic)
Fut le grand Dieu qui vous a fait.

Ceux donc qui veullent soustenir (1)
Tels abus et l'entretenir,
Fay esvanouir leur minée
Ainsi que du feu la fumée,
Et ne permets plus, o bon Dieu,
Tel erreur en France avoir lieu ;
Mais tous d'accord te cognoissions
Désormais, et seul adorions.

Si Pharaon, ce grand meurtrier,
Est revenu, fay le noyer
Encor un coup dans la mer Rouge !
Et que jamais de là ne bouge,
Pour voir ton pauvre peuple en paix
Et délivré d'un si grand faix

---

(1) L'auteur s'adresse tour-à-tour à Dieu et au peuple.

Qu'il a tous les jours sur le dos,
Dont n'a une heure de repos (1).

## *Fin. 1561.*

(1) Ce cantique, en demandant la chute des statues saintes, appelle aussi sur la tête du duc de Guise, désigné sous le nom de Pharaon, ce grand meurtrier, la vengeance de Dieu. Quand on aura lu ce recueil, on comprendra ce que veut dire ce cantique.

## CHANSON SPIRITUELLE.

### 1560-1562.

Christ, pour sauver ses brebis (1),
Que si chèrement il prise,
Veult chasser ces loups rabys
Qui sont entrés en l'Eglise

    Hau ! hau ! Papegots,
Faictes place aux Huguenots !

Ces hérétiques meschans,
Qui nous vouloient faire croire
Qu'ils faisoient, par leurs faulx chants,
Descendre Dieu en l'armoire (2).

    Hau ! hau ! Papegots, etc.

---

(1) Fonds Gaignières, n° 485, 2e partie, p. 145. — Cette chanson doit remonter aux premières années de nos guerres civiles. — Son refrain est le cri naïf de la vérité. La question était de savoir à qui resteraient la puissance, les cordons de Saint-Michel, les gros appointements et les belles places.— C'est la devise de tous les partis révolutionnaires : Ote-toi de là que je m'y mette !

(2) Nous ne relèverons pas les injures adressées aux catholiques et à leurs prêtres : nous ferons seulement remarquer que ces couplets sont une suite de violentes attaques contre les dogmes du catholicisme.

Trop longtemps ont abusé
Le pauvre peuple fragile
Par leur faulx Dieu desguysé,
Nous deffendant l'Evangile.

 Hau ! hau ! Papegots, etc.


Dy, malheureux, qui t'a faict
Sy hardi que d'entreprendre
Contre le grand Dieu parfaict,
Toy, qui n'es que pouldre et cendre ?

 Hau ! hau ! Papegots, etc.


Jésus nous a sauvez tous
Par son sacré sacrifice ;
Et vous dictes que c'est vous,
Par vostre mauldict service.

 Hau ! hau ! Papegots, etc.


Vous appellez Huguenots
Ceux qui Jésus veullent suivre,
Et n'adorent vos marmots
De boys, de pierre et de cuyvre.

 Hau ! hau ! Papegots, etc.


Et quand nous nous assemblons
Pour prier Dieu en l'église,
Vous dites que nous allons
Pour commettre paillardise.

 Hau ! hau ! Papegots, etc.

Mais ce n'est de ce temps cy
Qu'on nous impose ce blasme ;
Ceuls qui ont vescu ainsy,
Ont enduré tel diffame.

 Hau ! hau ! Papegots, etc.

Il y a plus de mil ans
Que l'Eglise primitive
Se cachoit pour les tyrans,
Qui tous la rendoient craintifve.

 Hau ! hau ! Papegots, etc.

L'on cognoist trop vos abbus ;
Ja n'est besoing les descrire ;
Car desjà gros et menus
De vous ne font plus que rire.

 Hau ! hau ! Papegots, etc.

Vous estes, pour le certain,
Une race de vipère,
Qui suivez tousjours le train
De Sathan, vostre grand-père.

 Hau ! hau ! Papegots, etc.

Vos ruses et vos efforts
Et tout ce que scavez faire
Ne servira sinon fors
A vous destruire et deffaire.

 Hau ! hau ! Papegots, etc.

Nostre Dieu renversera
Vous et vostre loy romaine,

Et du tout se mocquera
De vostre entreprise vaine.

 Hau ! hau ! Papegots, etc.

Votre Antéchrist tombera
Hors de sa superbe place ;
Et Christ partout regnera,
Et sa loy pleine de grace.

 Hau ! hau ! Papegots,
Faictes place aux Huguenots !

## DE L'ALLIANCE

FAICTE ENTRE LE ROY ET LE CARDINAL.

### 1561.

Par l'alliance — et amour éternelle (1)
Du cardinal, — faictes avec le roy,
On void tout mal — ne trouver plus de [quoy
Battre la France, — et sa fleur immor-[telle (2).

Qui Dieu desprise, — il sent sa main [cruelle (3).
Luy jusqu'au bout — ayme et soutient la [foy.

(1) Collection de RASSE DE NOEUX, t. I, p. 21.

(2) Rien n'est plus ingénieux que cette pièce de vers. Ce sonnet a deux sens : on trouve l'un en lisant les vers sans s'arrêter à la césure : c'est un éloge complet du cardinal et de son frère. En séparant les hémistiches et en ne lisant plus que la première partie de chaque vers, on constitue un autre sonnet, à lignes courtes, mais bien rimées, et cette fois, c'est une satire contre les deux princes lorrains.

(3) Pour comprendre ces quatre petits vers, il faut en modifier ainsi la ponctuation :

> Qui Dieu desprise ?
> Luy jusqu'au bout.
> Qui prise tout ?
> Son frère Guise.

Qui pille tout      — et veult vivre sans loy,
Son frère Guise     — afflige de bon zèle.

Ces deux fort bien — ayant un cœur uny,
Gardent que rien,   — demeurant impuny,
Ne leur eschappe.  — O très heureuse
                                 [France !

Car l'un de soy   — cognoissant combien
                                 [craint
Veult estre roy,    — sa justice il advance,
Et l'autre pape    — imite, tant est
                                 [saint (1).

---

(1) Ces calomnies se retrouvent dans plusieurs pièces de ce recueil : l'histoire impartiale a vengé les deux princes de ces audacieux mensonges. Mais le mal n'en fut pas moins fait : l'un fut assassiné, l'autre souvent menacé d'une mort violente.

## MENACE

#### CONTRE LE CARDINAL DE LORRAINE.

#### 1561.

---

Faux traistre furieux, ta puissance et ta
[raige (1)
Rien ne te serviront : apprester il te faut
A rendre compte à troys : Dieu tout premier
[d'en haut
Ne t'en remettra rien, cognoissant ton cou-
[raige (2),
Car tu l'as offensé un million de foys,
Or blasfèmant son nom, or mesprisant ses loix,
Invoquant autre Dieu que luy en ton affaire,
Saccageant, meurtrissant ceux qui font (sic)
[contraire (3).

D'autre part, quand le Roy sera venu en eage,
Et il sçaura comment toy et ton frère cault
L'avez voulu priver d'un sceptre, qui tant vault,
O! que je vois tomber sur ton chef grand
[oraige !

Recognoistre il te faut encore les grands maux,

---

(1) Collection RASSE DE NOEUX, t. I, p. 59.
(2) C'est-à-dire : Ce que tu veux au fond du cœur.
(3) Il faut lire : Ceux qui font ton contraire.

Ravissements de biens et mort de ses vassaulx
Auxquels tu as mené toujours guerre cruelle.

Ja, ja, pour tout venger, Dieu prend la cause
[en main :
Nous voyons contre toy s'armer un Prince hu-
[main (1)
Et de son branc d'assier menacer ta cervelle.

(1) *Humain* veut dire ici *non divin*, prince de ce monde. Ce prince humain, qui de son branc d'acier menace la cervelle du cardinal de Lorraine, est Louis de Bourbon, prince de Condé, né le 7 Mai 1530, septième fils de Charles de Bourbon, duc de Vendôme. — De tels éloges sont le juste châtiment des princes qui, par ambition, trahissent leur religion et leur pays. Le nom d'un petit-fils de saint Louis mis de pair avec celui d'un Poltrot ! quelle leçon pour ceux qui ne savent pas dire : — Fais ce que dois, advienne que pourra.

# D'ANTOINE DE BOURBON,

## ROI DE NAVARRE.

### 1561.

Marc Antoine, qui pouvoit estre (1)
Le plus grand seigneur et le maistre
De son pays, s'oublia tant
Qu'il se contenta d'estre Antoine,
Servant laschement une reine :
Possible en fera-t-on autant.

Esaü quitta l'avantage (2),
Du grand honneur de son lignage

---

(1) *Mémoires de* CASTELNAU. Additions de Le Laboureur, 1731, t. I, p. 749. — Cette chanson fut rimée lorsqu'Antoine de Bourbon entra dans le triumvirat, peut-être par ambition : Catherine de Médicis lui promettait, soit toute la Navarre, que l'Espagne devait lui rendre, soit le trône de Sardaigne, ou même la couronne d'Ecosse. — Lorsque ce prince, quels qu'aient été ses motifs, revint dans le sentier du devoir, grande fut la colère dans le camp des huguenots. On l'accusa de trahison : chansons mordantes et libelles en colère de pleuvoir sur lui. Le texte que nous publions est une menace de mort en dix couplets contre le roi de Navarre et sa famille. La régente n'est point oubliée. — Les premiers vers rappellent l'amour effréné de Marc-Antoine pour Cléopâtre, reine d'Egypte.

(2) *Genèse*, 27. — Le roi de Navarre était l'aîné de la maison de Bourbon. Le prince de Condé, son cadet, était

A tel, qui l'alloit supplantant,
Et n'ayant sçu garder sa place,
Fit destruire toute sa race :
Possible en fera-t-on autant.

Saül à l'ennemy pardonne (1),
Pour estre dit bonne personne ;
Dont Dieu marry et mal content.
Son règne rompt, et en avance
Son prochain, qui en fait vengeance :
Possible en fera-t-on autant.

Abner ne connoist sa folie (2),
Quand Joab le réconcilie :
Mais il connoist qu'en le flattant,
Le bras qui l'accolle, l'enferre,
Pour venger Azaël son frère :
Possible en fera-t-on autant.

entré dans le parti protestant, dont il fut le chef pendant quelques mois. Aussi l'auteur compare leur antagonisme à celui d'Esaü et de Jacob. Antoine de Bourbon perdra son droit d'aînesse.

(1) 1er livre des *Rois*. — Saül était un prince généreux et clément. Il fit la fortune de David : mais celui-ci ne fut pour rien dans les infortunes de son bienfaiteur. Saül, pour n'être pas fait prisonnier par les Philistins, se donna la mort après avoir vu massacrer tous ses fils.

(2) IIe liv. des *Rois*, 3. — Azaël, frère de Joab, fut tué par Abner, 1053 ans avant l'ère chrétienne. — Plus tard, celui-ci fut assassiné par Joab, qui le trompa par de fausses apparences d'amitié. Plus tard encore, Joab, meurtrier d'Absalon, fut massacré par ordre de Salomon. — Ce fut Anne de Montmorency qui négocia la réconciliation du roi de Navarre avec MM. de Guise.

Chusaï fit tant par langage (1)
Qu'il abusa le fils mal sage,
Inconvéniens racontant.
Et tandis le fils de Sarvie
Luy ravit le règne et la vie :
Possible en fera-t-on autant.


Salomon servit tant de femmes (2),
Qu'après plusieurs actes infames,
A leurs dieux se vint soumettant :
Dont dix parts des siens le laissèrent,
Et un autre règne dressèrent :
Possible en fera-t-on autant.


Jézabel pour Achab commande (3),

---

(1) II<sup>e</sup> liv. des *Rois*, 17. — Chusaï, fidèle serviteur de David, voulut, par ses conseils, empêcher Absalon de poursuivre son père : mais ce jeune prince, défait à la bataille d'Ephraïm, fut tué par Joab, fils de Sarvia, malgré les ordres exprès de David.

(2) III<sup>e</sup> liv. des *Rois*, 2. — Le roi de Navarre n'était pas alors fidèle à sa femme Jeanne d'Albret, et ses relations galantes avec Mademoiselle de Rouet scandalisaient les puritains que ne révoltaient nullement celles de leurs chefs. — Quant à Salomon, il eut sept cents femmes et trois cents concubines, et finit par sacrifier aux faux dieux. — C'est le déchirement de la France que les huguenots annoncent. Cette fois, ils étaient dans le vrai : mais ils savaient à qui s'en prendre.

(3) Ce couplet regarde Catherine de Médicis. — V. III<sup>e</sup> liv. des *Rois*, 4. — Jésabel, épouse d'Achab, gouvernait sous le nom de son mari et gouvernait mal. Nabot, ayant refusé de vendre sa vigne au roi Achab, Jésabel le fit condamner à mort pour crime de lèse-majesté. Il fut lapidé.—

Tient le cachet, aux juges mande,
Que Nabot meure, contestant
Pour son bien : mais les chiens les man-
[gent
Et l'injure du Seigneur vengent :
Possible en fera-t-on autant.

Mort Ochosie, sa mère enrage (1)
Et meurdrit le royal lignage,
Fors Joas, qu'on va latitant :
Jusque que l'Eglise amassée
La tue comme une insensée :
Possible en fera-t-on autant.

Josias, qui purgea l'Eglise (2),

Plus tard, Jehu détrôna Achab, fit jeter Jésabel par la fenêtre : elle fut foulée aux pieds des chevaux et dévorée par les chiens. — La fin du couplet menace le clergé catholique, assimilé par l'auteur aux prêtres de Baal, que Jehu fit assassiner avec tous les princes de la famille royale.

(1) IVe liv. des *Rois*, 11. — Ce couplet menace encore Catherine de Médicis. — Athalie, fille d'Achab, femme de Joram, roi de Juda, fit égorger tous les enfants de son fils Ochosias, tué par Jehu à la bataille de Jesraël. — Elle fut, à son tour, massacrée par le peuple, quand Joad fit proclamer roi son petit-fils Joab.

(2) Josias, roi de Juda (639 ans avant Jésus-Christ), régna sagement et renversa les autels des faux dieux. Ce fut sous son règne qu'on retrouva une copie des livres de Moïse. — Nechao, roi d'Egypte, voulut traverser la Judée pour aller faire la guerre à Nabopolassar, roi de Syrie. Josias crut devoir s'y opposer ; mais il fut vaincu et tué à la bataille de Mageddo. — Le roi de Navarre périt des suites des blessures qu'il reçut au siége de Rouen; mais il savait très-bien d'où venait la querelle qui déchirait la France, et faisait son devoir en marchant contre ceux qui livraient le Havre et Rouen aux Anglais.

Fit follement une entreprise,
Au vouloir de Dieu résistant,
Où il reçut playe mortelle,
Sans sçavoir d'où vient la querelle :
Peut-être en fera-t-on autant.

Les Juifs Jésus-Christ reçurent (1) :
Mais les prêtres tant les déçurent,
Qu'ils croyent tous en un instant :
— « Pilate ! qu'on le crucifie ! »
Va donc ! et à tels gens te fie,
Et ils t'en feront tout autant.

(1) Dans ce couplet, l'auteur prédit au roi de Navarre que les catholiques finiront par le crucifier.—Comme on le voit, les poètes protestants se nourrissaient l'esprit des légendes les plus sanglantes racontées par la Bible. Toutes leurs allusions à la famille des rois d'Israël ont pour cause les liens du sang existant entre les princes français, que l'ambition armait les uns contre les autres. MM. de Châtillon étaient les neveux du connétable Anne de Montmorency et les parents du prince de Condé. MM. de Guise, par leur mère Antoinette de Bourbon, étaient cousins du roi de Navarre. — Cette chanson est le cri menaçant de la haine : elle est aiguë comme la lame du poignard. Elle sème le gland de l'assassinat politique : il ne va que trop vite germer, grandir et porter fruits.

## CHANSON NOUVELLE

CONTENANT LA FORME ET MANIÈRE DE DIRE
LA MESSE,

Sur le chant : — *Hari, hari, l'asne*, etc.

1562.

---

L'on sonne une cloche
Dix ou douze coups ;
Le peuple s'approche,
Se met à genoux :
Le prestre se vest,
Hari, hari, l'asne !
Le prestre se vest,
Hari, bouriquet !

Du pain sur la nappe,
Un calice d'or ;
Il met, prend sa chappe,
Dit : *Confiteor*.
Le peuple se taist.
Hari, hari, l'asne !
Le peuple se taist,
Hari, bouriquet !

Si tost qu'il acheve,
Le peuple escoutant
Sa parole esleve
Et respond autant
En plus haut caquet,
Hari, hari, l'asne !
En plus haut caquet,
Hari, bouriquet !

Après *l'Introït*
Et quelque oraison,
Dit la chatemite
*Kyrie, leyson*
Des fois plus de sept,
Hari, hari, l'asne !
Des fois plus de sept,
Hari, bouriquet !

Puis chante une épistre
Par grand sainteté,
Couvrant sous ce tiltre
Saincte vérité :
Voilà le secret,
Hari, hari, l'asne !
Voilà le secret,
Hari, bouriquet !

Puis une légende
En prose, en latin,
De peur qu'on n'entende
Tout son patelin
Du sainct qu'il luy plaist,
Hari, hari, l'asne !

Du sainct qu'il luy plaist,
Hari, bouriquet !

Du sainct Evangile
Il prend quelque endroit,
Qu'il couppe et mutile,
Comme il est adroit
De faire tel faict,
Hari, hari, l'asne !
De faire tel faict,
Hari, bouriquet !

Le *Credo* il chante :
En le prononçant,
De croire il se vante
Au Dieu tout puissant.
Mais rien il n'en fait,
Hari, hari, l'asne !
Mais rien il n'en fait,
Hari, bouriquet !

Assez le déclaire,
Quand il vient exprès
Sainct Mer et saincte Claire
Invoquer après,
Laissant Dieu parfaict,
Hari, hari, l'asne !
Laissant Dieu parfaict,
Hari, bouriquet !

Un morceau de paste
Il fait adorer,
Le rompt de sa patte
Pour le dévorer,

Le gourmand qu'il est,
Hari, hari, l'asne !
Le gourmand qu'il est,
Hari, bouriquet !

Le Dieu qu'il faict faire,
La bouche le prend,
Le cœur le digère,
Le ventre le rend
Au fond du retrait,
Hari, hari, l'asne !
Au fond du retrait,
Hari, bouriquet !

Puis chante et barbote
Quelque chapelet,
Puis souffle et puis rote
Sus son goubelet (1),
Puis à sec le met,
Hari, hari, l'asne !
Puis à sec le met,
Hari, bouriquet !

Le peuple regarde
L'yvrongne pinter,
Qui pourtant n'a garde
De luy présenter
A boire un seul traict,
Hari, hari, l'asne !
A boire un seul trait,
Hari, bouriquet !

(1) Le calice.

Quand Monsieur le prestre
A beu et mangé,
Vous le verriez estre
En un coing rangé,
Gaillard et déhaict,
Hari, hari, l'asne !
Gaillard et déhaict (1).
Hari, bouriquet !

Achève et despouille
Tous ses drapeaux blancs (2),
En sa bourse fouille
Et y met six blancs.
C'est de peur du froid,
Hari, hari, l'asne !
C'est de peur du froid,
Hari, bouriquet (3) !

(1) Joyeux, à son aise.

(2) L'aube, le surplis.

(3) Nous ne ferons pas de commentaire sur cette chanson ; nous ne voulons pas même la qualifier. — Elle fut publiée à Lyon, en 1562. L'édition originale, composée de quatre feuillets, est réduite à deux ou trois exemplaires. Elle a été réimprimée par M. L. de Lincy dans son recueil des *Chants historiques français*, deuxième partie, p. 206.— Aussi, le *Bulletin de la Société de l'histoire du protestantisme français* ne l'a pas oubliée.

# LE MASSACRE DE VASSY

## Mars 1562.

O Dieu, si près de ton throne (1)
Est assise l'équité,
Qui, égale à tous, ordonne
Le bien ou mal mérité,

(1) *Bulletin de la Soc. de l'hist. du prot. français,* 1857.— Publication de M. Louis Lacour.— Le 1ᵉʳ Mars 1562, le duc de Guise, mandé par la reine, inquiète des menées des protestants, partit de Joinville avec sa suite — A Vassy, on entendit dans une grange les chants des calvinistes : quelques valets de la maison du duc entr'ouvrirent la porte : de là des injures, puis des coups. — Le duc de Guise se hâta d'aller séparer les combattants, mais son intervention fut méconnue : il fut même blessé. Dès lors la mêlée devint sérieuse. La chaire du ministre protestant fut brisée, et l'assemblée des réformés dispersée. Plusieurs d'entre eux furent blessés. Quelques-uns furent tués. Les calvinistes exploitèrent avec fanatisme ce fatal accident. Ils portèrent plainte à la Cour, qui se trouvait au château de Monceaux en Brie, puis se réunirent à Meaux. Le prince de Condé se mit à leur tête, et la première guerre civile commença.— L'évènement de Vassy fut raconté, commenté dans plusieurs brochures calvinistes. — Les catholiques leur opposèrent un livret ayant pour titre : — *Discours au vray et en*

Dieu, ô Dieu vangeur du vice,
Dieu, je te requiers justice !
Je te demande raison.
Oy donc ce que j'implore,
Voy les larmes que je plore,
Et reçoy mon oraison.

Nostre roy, par sa clémence,
Les grans feus avoit esteint,
Dont la misérable France
Martyroit son troupeau saint.
La fureur du peuple instable,
Auparavant indomtable,
Obéissait à sa loy,

*abrégé de ce qui est dernièrement advenu à Vassy, y passant Mgr le duc de Guise.* — *Paris, G. Morel,* 1562. — Le duc de Guise, qui paraît l'avoir dicté, raconte que les protestants étaient au nombre de 500, qu'ils avaient des armes et des munitions ; que, pour mettre fin à la querelle, il envoya d'abord deux ou trois de ses gentilshommes, qui furent reçus à coups de pierres et d'arquebuse, et qu'enfin, avant que la mêlée ne commençât, 15 ou 16 catholiques étaient déjà blessés.

A cette version officielle, les catholiques joignirent les couplets que voici :

    Honneur et salut à Dieu
      Et au Roy notre sire,
    Qui nous a en ce bas lieu
      Si bien gardez de l'ire
        Des huguenaux
        Remplis de meaux
    Qui nous vouloyent occire.
        Un jour viendra
        Qu'on les fera
    Trestous crever de rire.

**Nous avons un bon seigneur**

Et la France ores destruite,
Ja de peu à peu reduicte,
Recevoit ta saincte foy.

Quand d'une brave entreprise
Et d'un cœur trop orgueilleux,
François, prince et duc de Guyse,
Rompit un cours si heureux ;
Quand la fureur et la rage,


En ce pays de France,
Et prince de grand honneur,
Vaillant par excellence,
Et très-humain
Doux et bénin :
C'est le bon duc de Guise
Qui, à Vassy,
Par sa mercy,
A défendu l'Eglise.

Le premier jour du moys de Mars,
Qui estoit le dimanche,
Les huguenaux de toutes parts
Se mirent en une grange
Pour y prescher
De manger chair
Quatre temps et carêmes,
Et du lard gras,
Comme des rats,
Quand ils se trouvent à mesmes.

Ainsi qu'à la messe estoit
Le bon prince de Guise,
Que le prestre se vestoit
Pour chanter à l'église,
Les huguenaux,
Infaits crapaux,
S'en vont sonner le presche
Qui en ce lieu
Service de Dieu
Et saincte Eglise empesche.

Qu'il portoit en son courage
Contre la religion,
Fut si extrême et si forte
Qu'elle peut froisser la porte
De la simulation.

Ce petit troupeau fidèle,
Qui à Vassy te servoit,

Monsieur de Guise parla
  Et dit aux gentils hommes :
— Allez-vous-en jusque-là !
  Et, leur dit en somme.
    Qu'ils ayent un peu,
    Dedans ce lieu,
  Un peu de patience
    Pour rendre à Dieu
    Grâce et honneur
  Et aussi révérence.

Mais ces huguenaux mauldits
  Ont dit tout le contraire ;
Ont respondu par leurs dits
  Qu'ils n'en avoyent que faire.
    Ils ont frappé
    Et molesté
Ces nobles personnages ;
    De leurs canons,
    De leurs bastons,
Ils leur ont fait outrage.

Monsieur de Guise y alla
  En grande diligence,
Qui de tous ces méchans là
  A bien prins la vengeance.
    Il a tué
La pluspart de leur bande,
    Et les laquets,
    Par leurs conquests,
Ont montré chose grande.

Inspiré d'un sacré zèle,
Gloire et honneur te rendoit ;
Ilz estoient là tous ensemble,
Convoquez dedans un temple,
Escoutans ta saincte voix,
Qui leur ame avoit ravie,
Tant elle estoit resjouie
Des paroles de tes loix.

Lors ce tyran plain d'audace,
Envieux de ton honneur,
Met en effect la menace
Qu'il couvoit dedans son cœur.
Il se dépite, il commande
Que ceste tant humble bande
Soit tout soudain mise à mort,
Et luy-mesme, rouge d'ire,
Les vient blesser et occire
Par un trop cruel effort.

Hélas ! qui eust veu à l'heure
Ce pauvre troupeau chassé :
L'un rend l'esprit ; l'autre pleure ;
L'un s'enfuit ; l'autre est blessé.
Ce vieillard de main tremblante

Prions à Dieu de Paradis
Qui nous donne la grace
Que nous soyons en luy unis,
En dépit de leur race ;
Qu'au ciel très hault
Sans nul défault,
Soyons avec les anges,
Que nostre esprit
A Jhésu Christ
Toujours rende louanges !

Couvre la plaie sanglante
De l'enfant prest à mourir ;
Et la mère, entre les armes,
Vient de ses dolentes larmes
Trop tard son fils secourir.

La femme, parmy la presse,
Voit son mary estendu,
Et mesle un pleur de tristesse
Avec le sang espandu.
L'enfant suit de près la mère
Et, voiant son pauvre père
Gésir mort entre les mors,
En vain : — Mon père ! — il s'écrie,
En vain de parler le prie,
En vain soulève son cors.

L'une se bat de détresse,
L'autre arrache ses cheveux ;
L'un déteste sa vieillesse,
L'autre se dict malheureux ;
Mais tous, d'un pleur misérable,
Tous, d'une voix pitoiable
Emplissent l'air à l'entour
De regrets, souspirs et plaintes,
Criant au ciel, les mains jointes :
— O Dieu ! voy ce cruel tour.

Ha ! Seigneur, voy la misère
Où tes servans sont réduits ;
Voy ces enfans, ô bon père,
Tuez, navrez, destruis.
Mais, Dieu, ren nous tesmoignage
Que nous portons cest outrage

Pour l'honneur de ton nom saint,
Lequel ce prince martyre,
Qu'il veut par armes destruire
Et rendre du tout estaint.

Le sang, qui de course prompte
S'estend à l'entour du lieu,
D'un cry qui jusqu'au ciel monte
Demande vengeance à Dieu.
Aussi la terre souillée,
Pour estre en ce sang mouillée,
Sang qui de ses enfans sort,
Humblement le Seigneur prie
Que ce cruel prince expie
Cest outrage par sa mort.

Sus, donc, ô Dieu ! pren les armes !
Venge ce sang espandu !
Seigneur, tu as veu nos larmes,
Tu as nos cris entendu :
Console donc nostre plainte
Et, par ta droiture sainte,
Envoy ce prince au cerceul
D'une mort juste et fatale,
Si bien que la peine égale
La fierté de son orgeul.

Nous sçavons que nostre offense
Mérite plus que cecy ;
Mais tu es Dieu de clémence :
Nous te demandons mercy.
Le fardeau de nostre faute
Devant ta majesté haulte
Nous fait ploier les genoux.

Fay nous donc grace et retire
Ce prince, fléau de l'ire,
Qui t'aigrissoit contre nous !

## ODE EN MANIÈRE D'ECHO.

### 1562 ?

O Dieu ! veux tu que l'inique demeure (1)
Toujours en règne, et que l'innocent meure,
Laissant l'effort, qu'on luy fait, impuny ?
 —Nenny.

Veux-tu souffrir que l'on te déshonore,
Et que celluy, qui te sert et adore,
Soit de son bien et sa terre banny ?
 — Nenny.

Souffriras tu tel blasfème en ta face (*sic*),
Qu'opprobre et honte à ton fils l'homme face ;
Qu'en blasfemant ton nom, il soit bény ?
 — Nenny.

Fays tu l'aveugle et sourd, o Dieu fidèle,
A l'innocent en prison criminelle
De longue peine et malaise estormy ?
 — Nenny.

Est-ce la loy, que tu nous as donnée,
Que des meilleurs la vie condamnée (2),

---

(1) Collection de RASSE DE NŒUX, t. I, p. 44.
(2) On doit lire : — La vie soit condamnée.

Et le bien soit à la couronne uny ?
— Nenny(1).

Approuves tu adultères, incestes,
Meurtriers, truands et telles autres pestes,
Et que par eux soit le juste puny ?
— Nenny.

Hélas ! Seigneur, de nos larmes non feintes,
De tant de crys et de justes complaintes
N'as tu le son, de ton hault siége, ouy ?
— Ouy.

Viendras tu point, Seigneur, pour donner
[ordre
A ces vieux loups, qui ne cherchent qu'à
[mordre,
Rendant chascun de leur mort resjouy ?
— Ouy.

Feras tu pas au monde quelque grace,
Que le semblant de ceste fausse race
De sa splendeur a du tout esblouy ?
— Ouy.

Verrons nous pas la fin de nostre peine
Et des meschans l'éternelle géhenne,
Après avoir d'ayse à ce monde ouy ?
— Ouy.

---

(1) Ne faut-il pas : Et le mal soit à la couronne uny ? — Le sens général de cette pièce de vers nous paraît demander cette correction.

Viendras tu pas nous donner délivrance
Et jeter ceux qui nous font tant d'outrance
Aux creux qu'ils ont, pour nous perdre,
         fouy ?
— Ouy (1).

---

(1) Cette ode n'a pas de date précise : comme elle est certainement lancée contre MM. de Lorraine, nous la plaçons après la journée de Vassy et avant la mort du duc de Guise.

# DE TRIBUS CIVITATIBUS

PURÆ RELIGIONI INFESTISSIMIS (1).

## 1562.

Mœnia dum starent quondam Babylonis ini-
[quæ,
   Vix fuit in tota qui colit urbe Deum.
Illi succedis, sed tu sceleratior illa,
   O! omnis sceleris pessima Roma parens.
Æquo subsequitur populosa Lutetia passu (2),
   Semper amica malis, insidiosa bonis.
At Babylon periit; quassataque Roma ruina
   Decidit ingenti : tu, tibi pari cave !

---

(1) *Mémoires* de Castelnau, — Le Laboureur, 1731, — t. I, p. 762.

(2) Ces vers furent composés, après les évènements de Vassy, lorsque le duc de Guise fut reçu dans Paris avec enthousiasme. — La grande ville était alors dans son rôle de capitale intelligente ; elle tenait pour les représentants de l'unité nationale : donc les littérateurs huguenots prodiguaient à ses habitants les insultes et les menaces. Les gens de Lutèce ne prétendaient pas être des saints : aussi ne furent-ils que trop préparés, par ces violences littéraires et d'autres diatribes que le lecteur va rencontrer, aux cruelles représailles de 1572.

## DU DUC DE GUISE.

### Mars 1562.

---

Goliath, ennemy du grand Dieu souverain (1),
Avoit délibéré la ruyne de l'Eglise
Des enfans d'Israël : mais toute son emprise,
David l'ayant tué, esvanouit soudain.

Ainsi adviendra il à ce grant Lorrain,
Ce tyran, ce bourreau et sanguinaire Guise,
Qui, ayant de Vuassy l'assemblée surprise,
A esté si hardy mettre sur eux la main.

Dieu, qui est protecteur des élus, ainsi comme
David il suscita, nous donnera un homme
Pour l'outrage venger de ce traistre Guysard ;

Car il en a choisy un de ligne royalle (2),

---

(1) Collection de Rasse de Noeux, t. I, p. 170.

(2) Il s'agit du prince de Condé. — Après l'évènement de Vassy, manquant à tous ses devoirs de chrétien, de Français, et de petit-fils de saint Louis, Louis de Bourbon se mit à la tête des calvinistes et donna le signal de la guerre civile. Sa jalousie contre le duc de Guise l'aveuglait. Mais aussi quel châtiment ! Les flatteries d'un parti qui va commettre un assassinat ! — Dieu punit tôt ou tard les princes qui manquent à leurs serments. Condé n'obtint jamais le

Qui a juré à Dieu une foy si loyalle,
Et ne fauldra jamais de s'en mettre au hazard.

pouvoir objet de son ambition. Il mourut à son tour sous les coups d'un lâche meurtrier.

On comprend la tactique d'un parti qui veut se venger: il faut qu'il exagère les torts de son ennemi, pour irriter contre lui l'opinion publique ; de là la nécessité d'exploiter l'évènement de Vassy. Donnons encore au lecteur, sur cette fatale affaire, le récit d'un contemporain :

« Lors, comme m'a souvent dit le duc de Guise, aucuns de ses officiers et autres, qui estoient allé devant, curieux de voir telle assemblée et nouvelle forme de presches, sans autre dessein, s'approchèrent jusques à la porte du lieu, où il s'émeut quelque noise avec parole de part et d'autre ; aucuns de ceux de dedans qui gardoient la porte jettèrent des pierres et dirent des injures aux gens du duc de Guise, les appelant papistes et idolastres. Au bruit accoururent les pages et quelques gentilshommes de la suite. S'estant eschauffés les uns et les autres avec injures et coups de pierre, ceux de dedans sortirent en grand nombre, repoussans ceux de dehors. Ce qu'estant rapporté au duc en se mettant à table, et que l'on tuoit ses gens, il s'y en alla en grand haste ; où, les trouvant aux mains à coups de poings et de baston, s'approchant du lieu où se faisoit le presche, luy furent tirés plusieurs coups de pierre, qu'il para de son manteau, etc. » CASTELNAU, *Mémoires*, liv. I, p. 84, édition de 1659.

## SONNET DU DUC DE GUYSE.

### 1562.

---

Ce grand tyran, qui jadis exerça (1)
Sa cruauté et barbare entreprise ;
Ce grand bourreau, qui du Seigneur l'Eglise

(1) Collection de RASSE DE NOEUX, t. 1, p. 22. — Après la catastrophe de Vassy, les protestants s'étaient insurgés, ayant à leur tête le prince de Condé et l'amiral de Coligny. Guise, à la tête des troupes royales, les chasse de Rouen, les bat à la journée de Dreux et va mettre le siége devant Orléans. — De là la colère des calvinistes ; de là les chants qui provoquent l'assassinat ; de là le meurtre du duc de Guise.

Aux deux récits sur l'évènement de Vassy que nous avons déjà cités, on peut joindre : — *Le Massacre de Vassy, d'après un manuscrit tiré d'un couvent de Vassy, par* Horace GOUJON, *ministre de l'Evangile.— Paris, L.-B Delay,* 1843. A cette version nous opposerons toujours les témoignages des contemporains, notamment celui de Voisin de la Popelinière (*la vraie et ancienne Histoire des derniers troubles. — Cologne,* 1571, — ou *Bâle,* 1579), historien calviniste, mais impartial : il avoue que le combat commença par une noise attribuée à l'insolence des huguenots et à l'emportement des gens du duc. — Brantôme, que les protestants citent volontiers, dit que la lutte vint des chants provocateurs des huguenots, qu'elle ne fut d'abord qu'une mêlée de laquais. — Puis il ajoute : « Cela ne fut rien et ne valoit pas que l'on criast tant comme on l'a fait, ny que l'on (le duc de Guise) appelast le boucher de Vassy : il ne le fut point là, ni ailleurs..... Ce n'estoit

Pourchasse à mort depuis vingt ans en ça ;

Ce furieux tigre enragé forcé a
Une maison à Vassy par surprise,
Où tout ravit comme en ville conquise,
Et le troupeau du Seigneur renversa.

Ce grand bourreau fait apparoir ses forces
En esgorgeant enfans et femmes grosses ;
Et non content d'avoir fait ce beau coup,

Il se promet que par toute la France
Ainsi fera : mais Dieu, par sa puissance,
L'abismera aux enfers tout d'un coup.

pas une entreprise digne de satisfaire le courage d'un si grand homme qu'estoit le duc de Guise, et il faut croire qu'il eut plus de peine à le retenir qu'à l'employer dans une occasion si indigne de luy. Néanmoins les huguenots l'exagérèrent autant qu'ils purent pour faire valoir le titre de *grand boucher*, qu'ils luy donnèrent, et qui commença par un sonnet, qu'on fit incontinent courir de presche en presche et de ville en ville ; lequel je ne donneray point icy, par ce qu'il n'est plein que de vilaines injures. »

Nous n'avons pas trouvé ce sonnet ; mais dans le nombre de ceux que nous publions, il en est plusieurs où se lit le mot *bourreau*, qui a pu par pudeur être substitué à celui de *boucher*, son équivalent en syllabes.

Dans tous les cas, le jugement de Brantôme sur le grand caractère du duc de Guise, et l'inutilité qu'il y avait pour lui, tant dans les intérêts de son ambition que dans ceux de sa gloire, à tailler en pièces quelques chanteurs de psaumes, est adopté par l'histoire et les gens de bon sens.

## PSAUME LXXIX

*Dam venerunt gentes.*

1562.

---

Les gens entrez sont en ton héritage :
Ils ont pollu, Seigneur, par leur courage
Ton temple sainct, Jérusalem destruite,
Si qu'en morceaux de pierre l'ont réduite.
    Ils ont baillé les corps
    De tes serviteurs morts
    Aux corbeaux pour les paistre,
    La chair des bien vivans
    Aux animaux suivans
    Bois et plaine champestre.

Entour la ville, où fut ce dur esclandre,
Las ! on a veu le sang d'iceux espandre,
Ainsi comme eau jetée à l'aventure,
Sans que vivant leur donnast sépulture.
    Ceux qui nos voisins sont
    En opprobre nous ont,
    Nous mocquent, nous despitent :
    Ores sommes blasmez
    Et par ceux diffamez
    Qui entour nous habitent.

Hélas ! Seigneur, jusques à quand sera-ce ?

Nous tiendras-tu pour jamais hors de grace ?
Ton ire ainsi embrasée ardra elle
Comme une grand flamme perpetuelle ?
  Tes indignations
  Espans sur nations
   Qui n'ont la congnoissance.
  Ce mal viendroit à point
  Au royaume, qui point
   N'invoque ta puissance.

Car ceux là ont toute presque esteinte
Du bon Jacob la postérité saincte,
Et en désert totalement tournée
La demourance à luy par toy donnée.
  Las ! ne nous ramentoy
  Les vieux maux contre toy
   Perpétrez à grans sommes.
  Haste-toy ! vienne avant
  Ta bonté nous sauvant ;
   Car moult affligez sommes.

Assiste nous, nostre Dieu secourable ;
Pour l'honneur haut de ton nom vénérable,
Délivre nous; sois piteux et paisible
En nos peschez par ta gloire indicible.
  Qu'on ne die au milieu
  Des gens : — Où est leur Dieu ?
   Ains punis leurs offenses.
  Veuille de toutes parts
  Des tiens le sang espars
   Venger en nos présence (1) !

---

(1) Ce psaume provocateur est l'œuvre de Clément Marot.
En tête est cet argument : — « Il se complaint de la cala-

mité advenue en Jérusalem par Antiochus, contre lequel il demande aussy l'aide de Dieu. » — Ce cantique se trouve à la fin d'un pamphlet devenu très-rare, ayant pour titre : — *La Destruction et saccagement exercé cruellement par le duc de Guise et sa cohorte en la ville de Vassy, le 1ᵉʳ jour de Mars* 1561. — *A Caens* (sic), 1562. »

Le duc de Guise, pendant les derniers jours de sa vie, et au moment de rendre l'âme, ne cessa de déplorer la lutte de Vassy. — Sur son lit de mort, il fit cette déclaration recueillie par Lancelot de Carles, évêque de Riez :

« Quant aux dernières armes que j'ay prises, j'invoque la bonté divine en tesmoignage que je n'y ai esté conduit par aucun intérest particulier, par ambition, ny par vengeance, mais seulement pour le zèle de l'honneur de Dieu, pour la vraie religion que j'ay tenue sans fléchir, et le service de mon prince, qui sont cause que je meurs présentement. Dont je me tiens heureux et remercie de très bon cœur mon Dieu de m'avoir fait tant de grâce. — Je vous prie de croire que l'inconvénient advenu à ceux de Vassy est advenu contre ma volonté, car je n'y allay cnques avec intention de leur faire aucune offense ; je ay esté défendeur, non aggresseur. Et quant à l'ardeur de ceux qui estoient avec moy, me voiant blessé, leur fit prendre les armes. Je fey tout ce que je pus pour parer leurs coups et garder que ce peuple ne receust aucun outrage. »

La brochure de l'évêque de Riez parut d'abord avec ce titre : *Mémoire lamentable sur le trépas de très illustre et très magnanime prince Messire François de Lorraine, duc de Guise, chevalier de l'ordre, pair de France et lieutenant general pour le roy, avec propos mémorables de ce bon prince sur l'heure de son trépas.* — *Troyes, Trumeau.* — Lettres gothiques.

## LA COMMÉMORATION
## DU MASSACRE DE VASSY.
### 1562-1563.

France, qui as veu le carnaige (1)
Que j'ay fait de tes habitans,
Fay sa mémoire d'eage en eage
Voler sur les ailes du temps,
Et dy partout : — Mort est de Guyse,
Qui fut bourreau de ton Eglise (2) !

(1) Collection RASSE DE NOEUX, t. I, p. 137. — La date de cette pièce est difficile à préciser. — C'est M. de Guise lui-même qui proclame sa mort. — Est-ce une prophétie ? Est-ce le cri de joie des calvinistes après l'assassinat du duc ?

On remarquera dans ce sixain la prétention des protestants d'être à eux seuls la France et de faire de leur petite Eglise l'Eglise nationale. Ce serait une gasconnade comique, si cela ne menait pas à de sanglants attentats. Au surplus, et dans toutes les hypothèses, le vœu du poëte fut accompli ; la mémoire des faits qui le mettent en verve ne fut que trop bien gardée.

(2) Il faudrait lire : — Qui fut bourreau de mon église. — Mais l'enthousiasme ne s'inquiète pas de pareilles bagatelles.

## DES SEIGNEURS DE CHASTILLON.

### 29 Décembre 1562.

Reçoy, Paris, dans tes bras estendus (1)
Les Chastillons, seigneurs tant attendus.
Chantez, marchands, chantez en palatins (2)
Un si haut chant que l'oyent les Latins (3).
Chantez en tous ; chantez, jeunes et vieux,
Io en rond (4), malgré les envyeux.
Poètes, chantez des mutins la victoire
Au champ de Dreux : à Dieu seul en soit
[gloire (5),
Qui a deffait par sa main non armée

---

(1) Collection RASSE DE NOEUX, t. I, p. 236.

(2) *Palatin :* officier du palais des empereurs, des papes. — *Paladins :* chantres du palais. — *Comte palatin :* titre de quelques princes allemands.

(3) Probablement la Cour de Rome.

(4) Ces trois mots, tels que le texte les donne, ne forment pas les quatre syllabes nécessaires pour la mesure du vers. Le mot *io* est-il une exclamation ? Ne faut-il pas lire : — Ja, tous en rond ?

(5) A la journée de Dreux, les protestants, d'abord vainqueurs, finirent par être complètement vaincus. Le prince de Condé, leur chef, fut fait prisonnier. — Mais ce ne sont que des détails, et les saints n'y regardent pas de si près.

Du grand Guysard la très-puissante armée (1).
Vaillans et preux, vertueux et bien nés,
Ces seigneurs sont en bon heur fortunés :
Qui mal leur veut, en la fosse tresbuche
Où, pour leur nuire, a tendu son embusche (2) !

(1) Comme on le voit, les bulletins menteurs ne sont pas une invention moderne.

(2) La mort du maréchal de Saint-André, lâchement assassiné par Bobigny, peut seule expliquer la joie menaçante du poète huguenot.

# LE CHANT DE LA GUERRE CIVILE

SUR L'ASSOCIATION ET PRISE DES ARMES.

## 1562.

Ceste divine Providence (1),
Qui gouverne par sa puissance
Le monde et tous ses citoyens,
Use de beaucoup de moyens ;
En tout cela qu'on luy voit faire,
Elle s'aida pour ministère
De quelques instrumens humains.
Aussi les hommes, qui l'adorent,
Bien en vain son secours implorent,
Sans vouloir employer leurs mains.

Les vœus, les souhaits, les complaintes,
Les désirs, les prières saintes,
La foy mesme toujours ne peut
Avoir de Dieu ce qu'elle veut :
Il est bien souvent nécessaire,

---

(1) *Cantiques et argumens sur les règnes de Henry II et de François II*, etc., 1563. — *Bulletin de la Société de l'histoire du protestantisme français*, t. V, p. 513. — Cette pièce fut composée après les évènements de Vassy, au moment où les calvinistes prirent les armes et se crurent le droit de commencer la première guerre civile.

Si nos desseins voulons parfaire,
D'y ajouster nostre labeur :
Le prix des biens que Dieu nous donne,
Et l'instrument qui les ordonne,
C'est le travail et la sueur.

Donc celuy est bien fol, qui pense
Chasser de soy la violence
Et de ses haineux les effors,
S'il ne veut emploier son cors (1) ;
Car c'est une bien vaine chose
Qu'un homme oisif, qui se repose
Sur l'appuy de son vain espoir,
Et qui n'embrasse, et qui n'emploie
Les moiens, que Dieu luy octroie,
Pour exécuter son vouloir.

Maintenant qu'un prince s'essaie (2)
Blesser d'une mortelle plaie
Tous ceux qui font profession (3)
De la vraie religion,
Nous avons beau gémir et plaindre,
Crier Dieu, les mains au ciel joindre
Et plorer comme efféminez,
Ces meschans feront leur massacre,
Et Dieu n'enverra pour les battre
Un escadron d'anges armez.

---

(1) Lisez : *corps*.

(2) François de Lorraine, duc de Guise, signalé sans cesse à la haine des protestants.

(3) C'est la journée de Vassy que l'auteur transforme en une persécution générale.

Mais si, laissans les vaines larmes,
Nous empoignons les fortes armes,
Et si nous avons plus d'espoir
En Dieu qu'en nostre humain pouvoir,
Il nous armera de sa grace,
Pour repousser bien loin l'audace
Qui nous oseroit assaillir,
Et rendre l'Eglise asseurée
D'un repos de si grand durée
Qu'il ne puisse jamais faillir.

Sus donc, hommes pleins de vaillance !
Faisons une sainte alliance,
Obligeons nostre pure foy
A deffendre de Dieu la loy.
Nous ne joignons nos mains fidèles
Pour quelques légères querelés,
Ny pour un tyrannique effort :
Une cause bien juste et sainte
Et une bien prudente crainte
Nous font entrer en cest acord (1).

Or maintenant que tous ensemble
Ceste promesse nous assemble !
Il ne faut qu'une froide peur
Aparesse nostre grand cœur.
Sus donc ! sus, o vaillans gendarmes (2) !
Prenons en nostre poing les armes,

---

(1) Il s'agit de l'association formée pour renverser le pouvoir de la maison de Guise.

(2) Ce cantique est, comme on le voit, la *Marseillaise* de la guerre civile.

Et couvrons nostre cors d'acier !
Dieu ne nous offre autre manière
Pour réprimer l'audace fière
Qui l'ose au combat défier.

    Mais, las! faut-il que nostre guerre (1)
Ensanglante la chère terre
Qui en son giron nous receut,
Quand nostre mère nous conceut ?
Faut-il, douce mère commune,
Que nostre discord t'importune
De tant de violens effors,
De tant de sang, de tant de larmes,
De tant de coups, de tant d'alarmes,
De tant d'excès, de tant de mors ?

    Faut-il que nostre main chrestienne
La main de meurtriers devienne,
Et que nos cœurs de charité
Soient cœurs d'inhumanité ?
Ce n'est pas tout qu'estre homicide ;
Ha ! faut-il estre parricide ?
Faut-il apoincter un canon
Contre l'estomach de son père ?
Faut-il perser le cors d'un frère
Ou d'un cousin de mesme nom?

    Hélas! o majesté divine !
Le cœur nous tremble en la poitrine,
Quand nous proposons à nos yeux
L'horreur de ces faits furieux;

---

(1) On ne dira pas que les protestants n'avaient pas prévu toutes les conséquences d'une guerre fratricide.

Mais aussi faut-il que l'audace
D'un prince lorrain nous menace,
Comme il fait, de meurtres espais ?
Faut-il qu'impunément il ose
Rompre l'édict qu'un roy propose (1)
Pour nostre bien et nostre paix ?

Faut-il que, par où il chemine,
Tes serviteurs il extermine ?
Faut-il, o Dieu ! que tes troupeaux
Redoutent toujours les bourreaux ?
Faut-il que l'horreur de ses armes
Pose une loy dedans nos ames
Contraire à l'honneur qui t'est deu,
Si nos canons, picques et lances
Peuvent chasser ces violences
Et nous garantir de ce feu ?

Non ! non ! ce n'est chose croiable
Que toy, qui es juge équitable,
Nous aye laissez assembler
Pour nous voir ores tant troubler !
Tu ne voudras que ton Esglise
Soit le jouet de ceux de Guyse,
Et que les cors de tes enfans
Soient le sujet sur quoy s'exerce
Leur volonté trois fois perverse,
Ny qu'ils soient de nous triomphans ?

(1) Il s'agit de l'édit de Janvier 1562, qui donnait aux protestants le droit de pratiquer leur culte. S'il eû remis le pouvoir entre les mains de Condé, de Coligny, de leurs amis, le massacre de Vassy n'eût été qu'un accident.

Donques, o Seigneur, favorise
Nostre nécessaire entreprise.
Nous avons devers toi recours ;
Ne nous dénie ton secours.
Ces armes ne sont offensives,
Seigneur, elles sont deffensives.
Déjà nos haineux sont armez :
La guerre nécessaire est juste.
Fay donc nostre main plus robuste,
Et ren nos cœurs mieux animez (1).

(1) N'est-il pas dit : Aimez-vous les uns les autres ?

# CANTIQUE

### SUR LA MORT DES TYRANS.

*Sur le chant du psaume XLII* (1).

### 1563.

A ce coup tout homme die :
— Sachent ores les pervers
Qu'encor n'est la main faillie
Du grand Dieu de l'univers.
Un effet l'autre suyvant
Monstre le grand Dieu vivant.
Son esprit sans cesse veille
A monstrer quelque merveille.

Que chacun ores confesse :
Ce grand Dieu vit vrayement,
Et sa grand force et hautesse
Durent éternellement.
Car il a soudain deffait
Nos adversaires infects
Et rompu leur violence
Au plus fort de leur puissance.

---

(1) Collection de Rasse de Noeux, t. I, p. 185. — Dans cette pièce, personne n'est nommé; mais les allusions qu'elle renferme n'en sont pas moins faciles à saisir : après l'assassinat du duc de Guise, c'est le chant de triomphe de la haine et du fanatisme.

Le malin en son courage (1)
Songeoit n'estre puni de Dieu,
Qui, après son haut ouvrage,
N'a souci de ce bas lieu.
Ainsy alloit oppressant,
Le foible juste innocent
Et, soubs malice couverte,
Faisoit à Dieu guerre ouverte.

Las! un temps de quelle sorte
Nos ennemis ravissans
Nous tenoyent soubs leur main forte
Foibles, morts et languissans!
L'adversaire caut et fin
Mettoit son désir à fin.
Plus n'osoit la fausse Eglise
Estre en quelque lieu sans prise.

Plus n'estoit en l'assemblée
Chanté ce Dieu glorieux :
Plus n'estoyent, fors par emblée,
Preschez ses faits merveilleux.
Brief l'hayneux, enflé de vent,
S'alloit si fort élevant
Qu'il sembloit par force extresme
Vouloir estre Dieu luy mesme.

Mais la puissance éternelle
De l'invincible vainqueur,
Qui pourchasse le rebelle
Et maintient l'humble de cœur,

---

(1) Il s'agit du malin esprit, du diable, c'est-à-dire des chefs du parti royaliste et catholique.

Monstrant d'un seul coup l'effort
De son bras puissant et fort,
Du fort courant en la lice
A esteint cœur de malice (1).

Puis celluy, qui le veut suyvre,
O! enfant mal gouverné (2) !
Voulant le forfait poursuyvre
Par le père décerné,
Le Seigneur fait défaillir
D'où l'on l'avoit veu faillir,
Le punissant par l'ouye
De mort non encore ouye.

En après en vint un autre
De courage efféminé,
Qui se confesse tout autre
Qu'il n'avoit déterminé,
Et lorsque, contre son cœur,
Il se rend persécuteur,
La main de Dieu excellente
Luy donne mort violente (3).

(1) Ce couplet signale comme un châtiment de Dieu la mort de Henry II tué dans un tournoi par le comte de Montgomery. Inquiet des suites de cet accident, celui-ci se fit protestant.

(2) François II périt des suites d'une maladie d'une nature peu connue : elle s'aggrava, dans les derniers moments, d'un violent abcès logé dans l'oreille : de là les deux derniers vers de ce couplet.

(3) Ces vers concernent Antoine de Bourbon, roi de Navarre, qui avait d'abord penché vers le calvinisme et la révolte : il revint à la religion et au drapeau de ses pères, et mourut des suites d'un coup d'arquebuse qu'il reçut au siége de Rouen.

Puis d'un qui, par ignorance,
Fut fier et malicieux,
Et d'un qui, par arrogance,
Fut horrible incestueux;
L'un il a soudain submis
En main de ses ennemis;
L'autre il a, par mort austère,
Puny de son adultère (1).

Mais encore restoit le pire,
Du cœur tant audacieux,
Qui pensoit ravir l'empire
Et de la terre et des cieux;
Cestuy, par déloyauté,
Maintenoit sa cruauté,

---

(1) Ce couplet est le seul qui ne soit pas complètement clair; il doit cependant désigner deux des membres du triumvirat, le connétable Anne de Montmorency, fait prisonnier à la journée de Dreux, homme rude, maladroit, et parfois malheureux à la guerre, et le maréchal de Saint-André, Jacques d'Albon, aussi prisonnier à la même journée, et assassiné par Bobigny, seigneur de Mézières, cavalier calviniste : c'est ce que l'auteur appelle une *mort austère*. Quant à l'inceste qu'on lui reproche, nous ne savons sur quelle base peut s'appuyer cette imputation. Le maréchal de Saint-André n'avait qu'une fille élevée dans un couvent, où elle mourut. Elle était, dit-on, fiancée au prince de Condé. Les gens qui ne reculent devant aucune calomnie accusent Mme de Saint-André d'avoir empoisonné sa fille pour épouser à sa place Louis de Bourbon. — Le maréchal de Saint-André aimait les arts et le luxe. Ses revenus ne pouvaient lui suffire; son tort fut d'avoir profité des troubles civils pour s'enrichir, ou plutôt pour faire face à ses dépenses. — Les protestants ne lui pardonnèrent pas d'avoir profité de leurs dépouilles.

Faisant des saints sacrifices
A sa rage et injustice (1).

Dont alors que cest avare,
Comme un lyon rugissant,
De férocité barbare
Alloit les saints meurdrissant,
Et lors s'estimoit heureux :
Un seul coup donné des cieux
A tué, o main heureuse!
Cette beste furieuse.

Ainsi donques voilà comme
Ce Dieu très victorieux
Jamais ne délaisse l'homme
De l'invoquer curieux.
Nous l'avons, en ce tourment,
Invoqué journellement :
Ainsy sa main débonnaire
A deffait nostre adversaire.

Vous donques, cieux magnifiques,
En vos chants mélodieux,
Chantez chansons et cantiques
A ce Dieu tant glorieux.
Et vous, simples élémens,
Louez ses faits excellens.
Toy, mon ame, aussi le chante
Avec toute ame vivante.

(1) La fin de la chanson, relative à l'assassinat du duc de Guise, contient la glorification du meurtre politique, et voue à la mort quiconque est l'ennemi des calvinistes.

Ondes de la mer sallée,
Retentissent son renom !
Montagnes, plaines, vallées,
Faites résonner son nom !
Voire vous aussi, pervers,
Pensez en vos cœurs divers
Que la vertu tant prouvée
Est d'éternelle durée.

Pourtant, nostre Dieu, au reste
Veu que tu es le sauveur :
Poursuy en ce peu qui reste
Tousjours ta bonne faveur.
Comme à ceux-cy tu as fait,
Soit tout autre tout deffait,
Et destruy tout adversaire
Qui à ta loy est contraire.

## AU CARDINAL,

### AVANT LE CONCILE DE TRENTE.

#### 1562.

---

Je ne sçauroy penser lieu où tu pourrois
[estre (1),
Charles, en seureté, avecques quelque hon-
[neur.
Le peuple françois t'a si fort à contre cœur (2)
Qu'il te veult pour varlet aussi peu que pour
[maistre.

L'Italien trop fin sçait tes ruses cognois-
[tre (3),
L'Espagnol ne pourroit endurer ta fureur (4),

---

(1) Collection Rasse de Noeux, t. 1, p. 20. — Dans le même vol., p. 21, on trouve ce sonnet traduit en vers latins.

(2) Il y a longtemps que les partis révolutionnaires ont l'habitude de s'imaginer que le peuple, c'est-à-dire la majorité, se range sous leurs drapeaux.

(3) La Cour de Rome, la Savoie soutenaient la monarchie française, et la papauté n'avait pas alors de plus brillant défenseur que le cardinal. Le midi de l'Italie appartenait au successeur de Charles Quint, et le surplus, composé de républiques et de principautés, n'avait pas ou n'avait plus d'importance.

(4) L'Espagne était gouvernée par Philippe II, et ses ministres étaient loin d'avoir la modération d'esprit du cardinal.

Le sévère Allemant a l'inceste en horreur (1),
L'Anglois et l'Escossois te cognoissent pour
[traistre (2).

Le Turc et le Sophy ne voudront point de toy :
Ils sont Mahumetains, et tu n'as point de foy.
Sans foy, l'homme est banny de la céleste
[gloire.

Les diables en enfer craindront te recepvoir,
Et, après le concile, que nous allons avoir (3),

---

(1) Nous avons déjà expliqué cette calomnie.

(2) Marie, fille aînée de Claude de Lorraine, duc de Guise, mariée en 1538 à Jacques V, roi d'Ecosse, régente du royaume en 1542, avait, sous l'influence de ses frères, publié un édit contre les protestants ; des troubles s'ensuivirent. Pour les apaiser, Marie fit venir des troupes de France : de là la guerre civile ; de là la haine des protestants. Sa fille, Marie Stuart, épousa, en 1558, François II. Le jeune prince, acceptant les droits et les prétentions de sa femme, prit le titre de roi d'Ecosse, d'Angleterre et d'Irlande : il suivait en cela les conseils de la maison de Lorraine ; la grandeur de la France, l'unité religieuse devaient y gagner, si les malheurs du temps ne s'y fussent opposés. Veuve de François II, Marie Stuart revint en Ecosse avec plusieurs de ses oncles et une suite de gentilshommes français : l'irritation des prétendus réformés fut au comble, et les révoltes les plus violentes eurent lieu contre la reine. Les princes lorrains furent obligés de quitter l'Ecosse. On sait comme Elisabeth se vengea des rêves ambitieux de sa rivale.—Le poète protestant aurait dû se rappeler qu'au moment même où il écrivait ce sonnet, ses coreligionnaires livraient la Normandie aux Anglais.

(3) Ce vers donne la date de cette pièce. Le concile de Trente, ouvert en 1545, plusieurs fois interrompu, fut repris par les soins du pape Pie IV (1559-1563). Le cardinal de Lor-

Les protestans feront raser le purgatoire (1) :
*Ergo, miser, ubi parebis ?*

raine y fut l'un des représentants de la France catholique. Pendant qu'il s'y trouvait, la première guerre civile éclata : c'est à Trente qu'il apprit l'assassinat de son frère.

(1) Le cardinal de Lorreine fut inhumé dans la cathédrale de Reims, derrière le maître-autel. En 1793, son tombeau fut violé : rien ne fut épargné. Cependant, son cœur, renfermé dans une boite de plomb, fut sauvé. La ville de Reims l'a gardé longtemps dans sa bibliothèque : remis au clergé rémois, il est maintenant placé dans la cathédrale, à l'entrée de la chapelle de Notre-Dame restaurée par Mgr le cardinal Gousset. S'il doit périr un jour, du cardinal de Lorraine restera toujours la mémoire ; et le pays n'oubliera jamais l'un des hommes les plus brillants qui aient illustré le siége de saint Remy, l'un des ministres les plus dévoués qui aient défendu la monarchie, la religion et l'unité française.

## LE
## SONNET DE DIEU AUX CATHOLIQUES.
### 1562.

Latssez, Papaux, laissez toutes inventions (1)
Que le Pape et les siens ont semé en l'Eglise.
Cette maudite erreur Lucifer leur a mise
Au cerveau, pour forger mille religions.

Ne monstrez, insensés, ainsy vos passions,
En voulant soustenir ceste ignare prestrise,
Qui, feignant saincteté, en brebis se desguise,
Estans loups affamés et carnassiers lyons.

Qu'un chascun d'entre vous à suivre Christ se
[donne,
Délaissant ce tyran portant triple couronne :
Mieux vault tard que jamais à bien s'acheminer ;

Aultrement, vous verrez que jà le temps est
[proche,
Ainsy qu'il est prédit, que son grand jour appro-
[che,
Auquel tous les meschans je veulx exterminer (2)

(1) Collection Rasse de Noeux, t. IV, p. 151.

(2) Ce sonnet charitable n'a pas de date. — On peut le placer à l'époque où se terminait le concile de Trente, au

moment où le pape Pie V et les hommes les plus éclairés du catholicisme consolidaient les bases de l'Eglise, luttaient contre ceux qui forgeaient mille religions. Les gens qui dévoraient alors la France n'étaient pas des curés, mais des ambitieux et des intrigants. — Quant au dernier vers de ce sonnet, nous le recommandons à ceux qui ont une juste horreur pour la Saint-Barthélemy.

## DES PAPAUX.

### 1562-1563.

Certainement tost périront (1)
Papaux, papistes, papillons :
Et Dieu, par qui jugez seront,
Fera florir les Chastillons (2).

(1) Collection de RASSE DE NOEUX, t. I, 2e partie, p. 250.
(2) Ce quatrain dut être publié postérieurement à la bataille de Dreux : jusqu'à cette journée, le prince de Condé fut le chef du parti protestant ; mais il fut fait prisonnier en combattant. Dès lors le commandement en chef fut remis à l'amiral de Coligny et à son frère d'Andelot.

## DE LA MORT DU DUC DE GUISE.

### 1563-1564.

---

Nostre loy, nostre roy, nostre païs de
[France (1)
Ont longtemps débattu qui doit plus de re-
[gret,
Plus de deuil, plus de pleurs, plus de recognois-
[sance
A ce prince lorrain, qui pour tous trois a fait

Contre leurs ennemis effort et résistance :
Mais, d'un commun accord, ayant fait confé-
[rence
Des maux qu'ils ont soufferts, de ce qu'ils ont
[perdu,
Et que le mal de l'un s'est sur l'autre estendu,

Ont confessé tous trois, de volonté ouverte,
Que, perdant ce grand Duc, ont fait commune
[perte,
Et, pour monstrer qu'ils ont de sa mort souve-
[nance

Et des cruels meurdriers, envieux de sa gloire,

---

(1) Collection RASSE DE NŒUX, t. I, p. 53.

Ont gravé dans leurs cœurs un tumbeau de
[mémoire,
Enrichy de l'espoir de divine vengeance (1).

---

RESPONSE AU SONNET PRÉCÉDENT PAR IMITATION.

Nostre roy, nostre loy, nostre païs de France
Ont longtemps débatu lequel des trois debvoit
Plus de deuil, plus de pleurs, plus de recognois-
[sance
A ce Guysard tué, qui encontre eux avoit

Fait tant de cruautés, larcins et violence,
Ayant réduit le peuple en l'estat que l'on void ;
Mais d'un commun accord ayant fait conférence
Des maux par lui commis et de ceux qu'il con-
[noist,

Ont confessé tous trois, de volonté ouverte,
Que, perdant ce Guysard, n'ont fait aucune perte,
Et, pour monstrer qu'ils ont de ses faits souve-
[nance,

Tous trois ensemblement ont dressé, pour
[mémoire,

---

(1) Ce sonnet est-il l'œuvre des catholiques? Dans ce cas, il viendrait à l'appui de notre thèse : les violences politiques sèment les violences politiques.

A Merey un tombeau, afin qu'il fust notoire
Qu'il est exécuteur de divine vengeance (1).

(1) Cette réponse est une bravade à l'adresse de ceux qui poursuivirent énergiquement Poltrot de Meré. C'est en prenant fait et cause pour un lâche meurtrier, que les calvinistes ont donné la mesure de ce que l'ambition, la jalousie, le fanatisme leur avaient laissé de sens moral. Sur ce point, donnons la parole à un savant homme qui, dans sa jeunesse, avait pu recueillir les impressions gravées dans l'esprit public par ce fatal crime. Le Laboureur, dans ses additions aux *Mémoires de* CASTELNAU (édition de 1619, t. II, page 225), traitant de l'accusation de complicité d'abord dirigée contre Coligny par Poltrot, s'exprime ainsi : « Peut estre que Th. de Bèze et quelques autres ministres, qui faisoient leur guerre à part, et qui l'avoient induit, luy avoient proposé cet expédient, pour estre traité en prisonnier de guerre, s'il estoit pris, et mesme luy avoient promis de le faire revendiquer avec protestation de représailles.

» Il estoit de leur intérest de n'estre pas seuls autheurs d'une si méchante action et d'y engager tous les huguenots ensemble ; — et c'est de quoy ils vinrent à bout principalement envers le vulgaire ignorant et passionné pour leur doctrine, par le soin qu'ils prirent de louer en toutes sortes de langues la malheureuse main et la détestable mémoire de cet assassin, dont ils firent un martyr de la vieille loy, faute de trouver des exemples dans la nouvelle.

» Ainsi ils attirèrent sur tout leur parti la haine d'une conjuration particulière, qui fut si cruellement expiée en la sanglante journée de la Saint-Barthélemy, de laquelle la maison de Guise ne se pouvoit pas mieux deffendre que par les preuves d'une complicité universelle de la part de tous les huguenots, qui parut par les libelles et les pasquils que les uns composoient, et que les autres avouoient ensuite contre la mémoire du duc de Guise et en la louange de Poltrot. »

# CONSÉQUENCES

## DE LA

## MORT DU DUC DE GUISE.

## 1563.

Le pape, nostre roy, nostre pays de France (1)
Ont longtemps débattu lequel des troys per-
[doit
Le plus, Guyse estant mort. Le pape s'attendoit
Que pour luy contre Christ il feroit résistance ;

Le roy pensoit aussi que, durant son enfance,
Guyse, qui de son camp estre chef prétendoit,
Se porteroit ainsi que le roy l'entendoit,
En traictant ses sujets sans nulle violence ;

---

(1) Collection de RASSE DE NŒUX, t. I, p. 54. — A ce chant de joie opposons ces lignes de Michel de Castelnau (*Mémoires*, 1659, t. I, liv. IV, p. 147) : « Et combien que quelques-uns ayent pensé que ce Poltrot eut beaucoup fait pour les huguenots, si est-ce que cet acte a esté cause d'autres grands maux qui s'en sont depuis ensuivis, lesquels l'admiral a sentis pour sa part, comme je diray en son lieu : et a cette mort apporté un changement à toutes les affaires de la France. »

Mais le roy et son peuple ont esté bien trom-
[pés,
Car ce tyran avoit tous leurs biens attrapés
Et les Gaules esmeu d'une civile guerre.

O Roy, n'ayez regret, ny toy, France, à sa
[mort :
Assez avez gaigné, puisque voyez par terre
Un ennemy de Dieu, qui pour le pape est mort.

## DE GUYSIO ET MŒREO.

### 1563.

Quis laudare potest Judith Holopherne per-
[empto (1),
Si tua nex vitio, duc Guisiane, datur ?
Illa dolo occidit, cum nemo conscius esset ;
At necis authorem creditur esse Deum...
Scilicet ille sui populi decreverat hostem
Fœmineâ ulcisci, dum jacet ille, manu.
Quis neget hunc etiam auspiciis cœlestibus
[usum,
Qui solus tanto liberat hoste suos !

---

(1) Collection RASSE DE NOEUX, t. II, 2ᵉ partie, p. 57. — *Mémoires de* CASTELNAU. — Le Laboureur, 1659, t. II, p. 187. — Pourquoi faire des vers latins, quand on avait une si belle occasion de se taire ? — A cette comparaison opposons celle-ci — (il s'agit de Poltrot et de sa criminelle action) : « Théodore de Bèze et quelques autres ministres, avec lesquels il l'avoit concertée, ne luy en promirent pas moins de gloire que Judith en rapporta de la mort d'Holopherne. Mais n'est-il pas vrai que si Dieu luy eust inspiré cette pensée, et que s'il eust guidé sa main, qu'il auroit aussi conduit ses pas dans sa retraite, et qu'il l'auroit affranchi de la frayeur qui saisit les parricides, et qui le posséda de telle sorte qu'après avoir, deux jours presque entiers, tenu les champs pour se sauver, il se vint enfin faire prendre au lieu

Hæc paria : hinc distant : Judith de cæde trium-
[phat ;
Morte necem hic diris torminibusque luit.

mesme où il avoit commis cet assassinat ? — Et peut-on douter que l'esprit de Dieu l'eust tellement abandonné dans les fers, qu'il eust esté obligé à paroistre comme il fit, tremblant devant ses juges et si vacillant dans ses dépositions qu'il fut impossible d'en tirer aucune lumière ?

» Et quelle comparaison d'Orléans avec Béthulie, de la personne de Poltrot avec celle de Judith, et d'un criminel qui ne peut, avec un excellent cheval d'Espagne et sans estre poursuivi, échapper à la justice divine et humaine, — avec une héroïne qui vient à pied d'une ville assiégée dans la tente d'Holopherne, qui retourne sur ses pas sans peur et sans autre escorte que de sa vertu, porter à ses concitoyens la nouvelle de leur délivrance avec celle de la mort de leur ennemy, et qui jouit longues années de sa victoire ? » — *Mémoires de* CASTELNAU, édition de Le Laboureur, 1659, t. II, p. 234.

## ELOGE DE MEREY.

### 1563-1564.

Si, pour avoir un tyran mis à mort (1),
Brutus (2) acquist si grande renommée,
Merey encor méritas-tu plus fort
Qu'à tout jamais ta gloire soit nommée.
Car, en conseil et constance affermée,
Rien tu ne dois à ce vaillant Romain,
Et qui plus est, ce coup fait de ta main
A beaucoup plus que l'autre heureuse issue :

---

(1) Collection de RASSE DE NOEUX, t. I, p. 115.

(2) Marcus-Junius Brutus, un des meurtriers de Caius-Julius César. Il commit sans aucun doute un assassinat, mais il n'agissait ni par jalousie, ni par haine. Il crut rendre à Rome l'honneur et l'indépendance. Son patriotisme l'égara. Jamais l'ordre et la liberté ne naîtront de la violation des lois divines et humaines. Brutus et ses amis, en poignardant le dictateur, achevèrent de fonder le despotisme et la cruelle tyrannie des empereurs ; Poltrot et son heureuse main, comme disent les calvinistes, eut l'heur de fonder en France l'ère de l'assassinat politique.

Nous l'avons déjà dit, la paix négociée par le duc de Guise et conclue, sur sa recommandation, avant sa mort, ne fut que de courte durée. Chacun le prévoyait, et l'insistance des poètes huguenots sur ce point n'a d'autre but que de cacher le crime de leurs amis, sous les bénéfices de la paix qu'il aurait amenée. — Quant à l'exemple donné par

Car luy par guerre espandit sang humain,
Et toy la paix à la France as rendue.

Brutus, ils aiment à y revenir. Lorsqu'en 1567, à la bataille de Saint-Denys, le connétable Anne de Montmorency, âgé de près de 80 ans, renversé de cheval, couvert de blessures, reçut un dernier coup de Robert Stuart, l'assassin présumé du président Minard, les muses protestantes publièrent ce quatrain, riche de jeux de mots et d'allusions, et au grade de Brutus, et au caractère un peu rude du connétable.

   Brutus erat patriæ vindex, sed perditor Annas.
   Verè Annas, Brutus nomine, brutus erat.
   Brutus equûm ductor fuerat celerumque magister ;
   At scelerum prudens Anna minister erat.

Collection RASSE DE NOEUX, t. IV, p. 170.

## DE MEROCO ANTISTROPHE.

1563.

Guisiadem dare te leto mens improba suasit (1),
Meroce, non miseræ verus amor patriæ.

(1) *Mémoires de* Castelnau, édition de Le Laboureur, 1659, t. II, p. 231. — En changeant de place la virgule qui peut, à la volonté du lecteur, précéder ou suivre le mot *non*, on modifie complètement le sens de ce distique. — Les calvinistes lisaient donc ainsi :

Guisiadem dare te leto mens improba suasit,
Meroce, non, miseræ verus amor patriæ.

Ou bien encore, en commençant par le dernier mot pour finir par le premier :

Patriæ amor verus miseræ, non, Meroce,
Suasit improba mens leto te dare Guisiadem.

## LE BON MEREY.

### 1563-1564.

Cessez, Romains, cessez de louer vos Bru-
[tus (1),
Qui, tuant les tyrans, vous mûrent en la
[guerre,
Car nostre bon Merey, par ses nobles vertus,
Tuant l'archityran, a mis paix sur la terre.
Mais la reyne, honorant du tyran la séquelle (2),
Semble avoir entrepris de le ressusciter :
Non, non ! elle hayt trop ceste race cruelle,
Et veut, en ce faisant, les Mereys susciter.

(1) Collection RASSE DE NOEUX, t. I, p. 255. Le premier des Brutus n'assassina personne : au gouvernement arbitraire et violent des Tarquins, il substitua le règne de la loi. Quant à M.-J. Brutus, il est vrai qu'il poignarda César, mais il eut tort : la guerre qui suivit la mort du dictateur ne fut pas longue, et le règne du despotisme commença pour ne plus finir.

(2) Il s'agit de Catherine de Médicis : elle dut écouter les plaintes de la veuve et des frères du duc de Guise, et sut cependant alors ne pas céder aux accusations dirigées contre Coligny, accusations dès lors assises sur des bases incertaines, et que l'histoire n'a pas depuis justifiées. — Sans doute, la reine pouvait craindre les exigences des Guises, comme elle s'inquiétait des prétentions des princes de la maison de Bourbon et de leurs amis; mais, en ce moment, MM. de Lorraine étaient les vrais défenseurs du

trône et de la loi : ils ne firent pas frapper monnaie à leur effigie, comme le prince de Condé ; ils n'avaient pas ouvert la France aux Anglais, comme les Châtillon ; avec eux étaient L'Hôpital, les parlements, les maréchaux et la France.

Quant à la menace qui termine ces huit vers, elle nous apprend comment les partisans du libre examen entendaient les droits de l'opposition politique et les devoirs de la minorité.

## ÆNIGMA
## DE GUISIO ET MERÆO.
### 1563-1564.

Mille unum servant ; unus mille enecat ;
[unus (1)
Servat mille ; unus vivere mille facit.

---

(1) *Mémoires de* Castelnau, — Le Laboureur, — 1659, t. II, p. 231. — La première partie de ce distique concerne le duc de Guise, gardé par mille soldats, et signalé comme ayant fait périr mille protestants. — La fin du second vers contient l'éloge de Poltrot, qui, à lui seul, en assassinant le tyran, a sauvé et fait vivre mille personnes. C'est encore une allusion à la catastrophe de Vassy, aux projets féroces que les calvinistes prêtaient au duc de Guise, et à la paix qui fut faite après la mort de ce prince.

Quand certains partis admettent l'assassinat comme un moyen de triomphe, ils n'ont qu'à baisser la tête, le jour où leurs adversaires ont le malheur de les imiter.

## LES
## FUNÉRAILLES DU DUC DE GUISE.

### 21 Mars 1563.

Qui veut ouïr chanson (1) ?
C'est du grand duc de Guise,
Doub, don, doub, dons, don, don,
   Don, don, don,
Qu'est mort et enterré,

Qu'est mort et enterré (*bis*).
Aux quatr' coins de sa tombe, Doub, etc.,
Quatr' gentilshomm' y avoit,

Quatre gentilshomm' y avoit (*bis*),
Dont l'un portoit le casque, Doub, etc.,
L'autre les pistolets,

---

(1) *Instructions du Comité de la langue, de l'histoire et des arts de la France*, AMPÈRE, 1853. — Cette chanson, peut-être calquée sur une plus ancienne, est l'origine évidente de celle où l'on tourna plus tard en ridicule les funérailles de M. de Marlboroug. — Assassiner un ennemi, c'est commettre un crime ; mais insulter la juste douleur de sa femme, de ses jeunes enfants, c'est une odieuse lâcheté. — *La femme* était Anne d'Este, comtesse de Gisors et dame de Montargis. Elle ne se souvint que trop, et de la mort de son mari, et des chansons calvinistes. — Quant aux *biaux enfans*, l'aîné, Henry de Lorraine, n'avait alors que douze

L'autre les pistolets (*bis*),
Et l'autre son épée, Doub, etc.,
Qui tant d'hug'nots a tués,

Qui tant d'hug'nots a tués (*bis*).
Venoit le quatriesme, Doub, etc. :
C'estoit le plus dolent,

C'estoit le plus dolent (*bis*).
Après venoient les pages, Doub, etc.,
Et les valets de pied,

Et les valets de pied (*bis*),
Qui portoient de grands crêpes, Doub, etc.,
Et des souliers cirés,

Et des souliers cirés (*bis*),
Et de biaux bas d'estame, Doub, etc.,
Et des culott's de piau,

ans : on pouvait le railler impunément. Ce fut, onze ans plus tard, le vindicatif duc de Guise, l'homme de la Saint-Barthélemy. Ses frères furent Charles, duc de Mayenne ; Louis, cardinal de Guise, archevêque de Reims ; Antoine, François et Maximilien, tous trois morts jeunes. Leur sœur Catherine fut la célèbre duchesse de Montpensier.

Le duc de Guise mourut le 24 Février. Le 20 Mars, on lui fit, dans l'église Notre-Dame de Paris, un service solennel, et le lendemain, ses restes furent conduits à Joinville, où ils furent inhumés. La cérémonie faite, ses parents et ses amis ne s'en furent pas précisément coucher ; ou, s'ils se couchèrent, ils eurent, onze ans après, un terrible réveil. En France, le ridicule et la calomnie tuent comme le poignard, et tôt ou tard malheur arrive à ceux qui s'en servent.

Et des culott's de piau (*bis*).
Après venoit la femme, Doub, etc.,
Et tous les biaux enfans,

Et tous les biaux enfans (*bis*).
La cérémonie faicte, Doub, etc.,
Chascun s'allit coucher,

Chacun s'allit coucher (*bis*) :
Les uns avec leurs femmes, Doub, etc.,
Et les autres tout seuls.

## FRANCISCI. LOTAREM. EPITAFION.

Siste, precor, lacrymas ! tragicis cur,
[Galle, tumultus (1)
Interitum quæreris ? — Placido pax aurea vultu
Affulget; alapsi instauratque culmina regni (2)
Nunc rediviva salus. Animum jam collige: gentis
Exhaustis opibus, spoliis, et clade piorum (3),
Tum fuso juvenumque, senumque cruore, sa-
[telles (4)
Guysiacus, meritus, expertus numinis iras
Occubuit tandem: posita formidine, gaude,
Gallia : tam seri plora sed funeris ergo (5).

(1) Collection RASSE DE NŒUX, t. II, p. 68, 1re partie.
— Ne faut-il pas, au lieu de *tragicis*, lire *tragici* ?

(2) *Alapsi*. — Ne faut-il pas lire *elapsi*, tombé, renversé ?

(3) Il s'agit des saints du calvinisme.

(4) Ne faut-il pas lire *tam fuso* ?

(5) N'y-a-t-il pas ici, pour régulariser la phrase, quelque mot sous-entendu ? Quant au sens des vers, il est facile à saisir. — *Seri* n'est pas le terme que devait employer le poète, s'il eût eu le sens moral et l'intelligence de l'avenir. Assassiner le duc de Guise n'était pas chose urgente.

# L'EPITAPHE

DU DUC DE GUYSE

Mars 1563.

---

Toy qui passes par cy, si de sçavoir as
[cure (1)
Qui gist en ce tombeau, c'est un trop plus
[cruel
Que Pharaon ne fut aux enfans d'Israël,
Lequel, ayant esté assez bon de nature,

Devint tant orgueilleux et fier outre mesure,

---

(1) Collection de RASSE DE NOEUX, t. I, p. 54. — Dans les *Mémoires de* CASTELNAU, 1659, liv. I, p. 13 et 15, on lit ces lignes : — « Pour justifier leurs crimes, les protestants prétendirent avoir fait une information contre le cardinal et son frère, et que les informations contenoient qu'ils se vouloient emparer du royaume et ruiner tous les princes et exterminer tous les protestants. »

L'auteur s'écrie ensuite naïvement : — « A-t-on jamais veu que l'on puisse faire procès contre ceux qui ne sont ouys ne interrogés, et les tesmoings non confrontés avec eux ? »

Michel de Castelnau était né en 1520 et mourut en 1592 Négociateur habile et honnête homme, il fut cinq fois ambassadeur de France en Angleterre. Ses *Mémoires*, que nous citons souvent, furent imprimés pour la première fois en 1621.

Mezeray fait de même allusion à cette procédure imaginée par les protestants pour les besoins de leur cause.

Que mesmes se voulut prendre au Dieu éter-
[nel.
Passant, croy fermement qu'oncques n'en fut
[ un tel,
Qui d'un cœur forcené livra guerre plus dure

A l'Eglise de Dieu et à la vérité.
Le feu, l'air, terre et l'eau rendent leurs tes-
[moignages
De ses énormes faits et horribles carnages :

Car, tant qu'il a vescu, la France a tour-
[menté
De meurtres et d'emprunts, d'efforts et de
[pillages,
Combattant pour la messe et pour la Papauté.

## EPITAPHE

DU DUC DE GUYSE.

### 1563.

Françoys de Guise duc, de la Lorraine
[issu (1),
Est icy enterré ; tu en as assez sceu :
Passe outre : point ne faut t'enquérir davan-
[taige :
Dieu a bien attrapé ce tyran au passaige.

### DE LUY ENCORE.

Comme David occit le grand Philistin (2),
A Holopherne aussi Judith trancha la teste :
Ainsi Merey tua bravement ce mutin,
Qui aux enfans de Dieu faisoit tant de moleste.

---

(1) Collection de RASSE DE NOEUX, t. I, p. 113. — Quand un parti commet un crime, il est commode d'en renvoyer à Dieu la responsabilité : doctrine déplorable qui ferait prendre au sérieux cet ironique axiome :

Il est avec le ciel des accommodements.

(2) Collection RASSE DE NOEUX, t. I, p. 113. — Dans ce quatrain, Dieu disparaît-il, Poltrot de Meré reprend le mérite de sa *brave* action.

# L'EPITAPHE

de

FRANÇOYS DE LORRAINE, DUC DE GUISE.

## 1564.

Passant, c'est le tumbeau de Françoys de
                            [Lorraine (1),
Que tu voy richement sur ce marbre taillé,
Le tumbeau de celuy qui a tant bataillé,
Traisnant par les cheveux la Bellone inhumaine,

Qui est mort à la fin, mais d'une mort sou-
                                    [daine
Et telle que le monde en est esmerveillé,
Qui de cris et de pleurs a ce marbre mouillé,
Voyant estre à la fin son entreprise vaine.

---

(1) Ce sonnet se trouve à la fin d'un très-rare volume intitulé : *Sentence redoutable et arrest rigoureux du jugement de Dieu à l'encontre de l'impiété des Tyrans, recueillies tant des Sainctes Ecritures que des autres histoires. Lyon, imprimé nouvellement,* 1564. — Cet opuscule, dont un exemplaire se trouve à la Bibliothèque nationale, est dédié à T.-H. et T.-E. Prince, Charles de Lorraine, duc de Guyse, par I. R. C. D. — L'auteur le prie de s'instruire à la lecture de ce livre et de ne pas oublier cette sentence écrite sur le sceptre royal : *Christ domine, Christ règne, Christ surmonte.* — *Gaudium meum, multis dolor.* —

Brave, par trop hardy, o beau courage
[prompt!
Qui fis ce que n'ont fait mille et mille de front,
Lorsque tu mis à bas d'une mort violente

Ce prince, que Paris et le poltron Romain,
Le Tudesque gloton, le superbe Lorain,
Tout le Pontificat et le Pape lamente.

L'ouvrage est une diatribe contre les tyrans. L'auteur ne cesse d'appeler sur eux la colère du ciel : — « Car, à telz malheureux, encore que pour quelque temps toutes choses semblent succéder à souhait, la vengeance de Dieu est deue; laquelle, ainsi que dit saint Paul, il ne faudra jamais d'exécuter sur toute l'infidélité et injustice des hommes : voire quand il devroit les faire massacrer par anges envoyés du ciel, ainsi qu'il fit à Héliodore, ou susciter hommes exprès, saintement inspirez à les punir devant le monde, comme il suscita à Scævola, chevalier romain, qui alla au camp des Samnites pour tuer Porsenna, leur prince ; — Pausanias, qui occit vaillamment Philippe, roy de Macédoine ; — Judithe, qui fit mourir Holoferne en son lit ; — Débora, qui *faussa* d'un clou de part en part la teste à Sisara ; — Eléazarus, qui se mit dessus l'éléphant, bien délibéré de mourir pour tuer le roi Anthioche, — *Jan* (*sic*) de Poltrot, qui, de fresche mémoire, tua François de Lorraine, duc de Guise, en son vivant grand persécuteur de l'Eglise, etc. »

Cette citation ne laissa aucun doute sur l'opinion de l'auteur en matière de tyrannicide. Voilà de la prose. La pensée du libre examen n'est point torturée par les règles rigoureuses de la poésie et le despotisme de la rime. — Le fils aîné du duc de Guise se nommait Henry, et non pas Charles. — Ce prénom était celui de son frère, le duc de Mayenne, né en 1554, le chef de la Ligue, mort en 1611.

## DU DUC DE GUYSE.

### 1563.

Françoys, le grand ambitieux (1),
Qui vouloit combattre les cieux,
Faisoit à Dieu guerre cruelle :
Ayant emply son escarcelle,
Est mort contre Dieu endurcy,
Et larron de noyse farcy (2).

(1) Collection de Rasse de Noeux, t. I, p. 268.
(2) Ce vers singulier et obscur est un petit bijou de malice ; il renferme l'anagramme des noms du duc de Guise : F.r.a n.ç.o.y.s d.e L.o.r.r.a.i.n.e. — On m'avait toujours dit que les poètes calvinistes n'étaient pas sots.

## DU DUC DE GUYSE.

### 1563.

Henry    — Poltrot  — les pervers (1)
M'esleva  — m'occit  — me pleurent
L'orgueil — la honte — et les vers
Me nuit   — me suit  — me demeurent.

(1) Collection de Rasse de Noeux, t. I, p. 59. — Il s'agit d'Henry II, qui commença la fortune du duc de Guise: en comblant d'honneurs ce grand général, il suivait avec intelligence les sympathies de la France. C'est à lui qu'on devait la fin de l'occupation anglaise, la conquête des trois évêchés, Metz, Toul et Verdun, la retraite des armées espagnoles et le maintien du trône ébranlé par des princes ambitieux; mais on ne peut plaire à tout le monde, et malheur à qui ne plaisait pas aux calvinistes! Que l'orgueil ait terni le grand caractère du duc de Guise, cela se peut; mais si de sa légende quelque chose a survécu, c'est la gloire. La honte est le lot des assassins et de ceux qui les louent.

## DE MORTE GUYSII.

## Mars 1563.

Dum putat Aurelias turres evertere nuper (1)
  Guysiades, sanctis dum fera fata parat,
Ecce, metu posito, constans Poltrotius inquit :
  — Unius, hoc regnum, morte levare juvat.
Sic Fabii patriæ, Decius sic profuit urbi.
  Sic mea mors, hujus morte futura, levis.

---

(1) Collection de RASSE DE NOEUX, t. I, p. 41. — Les calvinistes étaient déjà connus pour chercher dans la Bible l'apologie de leurs violences : aussi, comme nous le lisons dans les *Mémoires de* CASTELNAU, édition augmentée des additions de Le Laboureur, 1659, t. II, p. 189, le duc de Guise n'oublia pas de dire, peu après sa blessure, que :« ces nouveaux évangéliques ne manqueroient point de trouver dans la Sainte Escriture de quoy justifier ce lasche assassinat, et nous verrons comme ils comparèrent le siége d'Orléans à celui de Bethulie. »

D'Aubigné, dans ses *Tragiques* (V. édition de 1857, p. 221), au récit de la bataille de Dreux ajoute ces vers :

> L'un ruine, en vainquant, sa douteuse victoire;
> L'autre, au débris de soi et des siens prend sa gloire.
> Dieu vit à déplaisir tels moyens pour les siens,
> Affoiblit leurs efforts pour monstrer ses moyens,
> Comme on voit en celuy, qui prodigue sa vie,
> Pour tuer Holopherne assiégeant Béthulie.

Les deux premiers vers sont une allusion aux pertes que

Dirus Holophernus Judæis dum parat olim
  Excidium, Judith amputat ense caput.
Quasque piis pœnas Aman furcasque parabat,
  Est cito in auctorem pœna retorta suum. —
Dixit, et ex templo mirâ Poltrotius arte,
  Guysiadem celeri vulnerat vectus equo.
Vos hæc, vos, inquam, moneant exempla ty-
                                    [ranni !
  Est vindicta Dei tarda, futura tamen !

les deux partis firent dans cette journée. — Dans les deux derniers, d'Aubigné, comme ses coreligionnaires, persiste à prendre la main de Poltrot pour celle de Dieu : — or il écrivait plus d'un quart de siècle après ces tristes évènements. Tant il est vrai que, dans tous les partis, il y a des gens dont on peut dire : — Ils n'ont rien oublié, rien appris et rien compris.

Est-il besoin de rappeler que Decius et les illustres membres de la famille des Fabius n'assassinèrent personne ? Les comparer à Poltrot, c'est faire à leur glorieuse mémoire un injuste outrage.

# AUX PARISIENS

### ET A CEUX DE LEUR LIGUE SUR LA MORT
## DE FRANÇOIS, DUC DE GUYSE.

### 1563.

---

Alors que Mars faisoit luyre parmy la
[France (1)
Les harnoys sur le dos, et hors de leurs four-
[reaux,
Entre une mesme gent, flamboyer les cous-
[teaux,
Qui contre soy armoit l'estrangère puis-
[sance (2).

(1) Collection de RASSE DE NOEUX, t. IV, 2ᵉ partie, p. 38. — La ville de Paris, pendant toute cette guerre, fut dévouée sans réserve à l'autorité royale et à ses ministres, MM. de Lorraine. De là les insultes et les menaces adressées aux Parisiens par les poètes protestants dans cette pièce et dans quelques autres.

(2) Cette guerre n'était pas nationale : elle avait pour point de départ des jalousies de princes, des haines de Cour : de là la nécessité pour les deux partis d'appeler sous leurs drapeaux des troupes étrangères. Les calvinistes comptaient dans leurs rangs des Allemands et des Suisses. Les catholiques avaient sous leurs drapeaux des Suisses, des Piémontais et des Espagnols. Les puissances étrangères aimaient mieux entretenir en France la discorde civile, que de nous faire la guerre : c'était un moyen d'affaiblir la France, sans danger pour elles. — Mais qu'on n'oublie pas que les protestants avaient livré le Havre de Grâce aux Anglais.

Commun peuple, aveuglé et remply d'igno-
[rance,
En ton cerveau brutal faisois jugement faux ;
Car tu jugeois Condé estre auteur de ces
[maux (1),
Et Guyse de ton bien estimois la deffense.

Ains voicy où paroist ores la vérité :
Si tost que Guyse fut, pour sa témérité,
Puny par un soldat, qui mort l'a mis par terre ;

Lorsque Condé fut en ses estats remis,
Desquels auparavant Guyse l'avoit demis,
S'est convertie en paix ceste cruelle guerre (2).

---

(1) Le prince de Condé, depuis la bataille de Dreux, n'était plus le chef des calvinistes : après s'être servis de lui pour commencer la guerre civile avec plus d'autorité, ils avaient mis à leur tète l'amiral de Coligny.

(2) C'est toujours le même thème, et, nous le répèterons, la reine et M. de Guise n'avaient cessé de négocier la paix depuis la bataille de Dreux : les pièces publiées par Le Laboureur, à la suite des *Mémoires de* CASTELNAU, ne laissent aucun doute à cet égard. Mais cette paix, à laquelle les poètes calvinistes ont l'air d'attacher tant de prix, n'était pas le but de leur parti : ce qu'il lui fallait, c'était la chute des Lorrains ; c'est pourquoi M. de Guise fut tué, non pas par un soldat, mais par un assassin ; et comme sa mort ne changea rien dans la possession des portefeuilles ministériels, la guerre civile recommença bientôt.

## LA CHANSON
## DU PETIT HOMME
### ET DES COCUS DE PARIS.

1563.

Le Petit Homme a si bien fait (1)
Qu'à la parfin il a défait
Les abus du Pape de Rome :
Dieu gard' de mal le Petit Homme !

Le Petit Homme, pour la foy (2),
A voulu deffendre le Roy
Encontre le Pape de Rome. — Dieu, etc.

Le Petit Homme feit complot,
Avecques Monsieur d'Andelot (3),
D'accabler le Pape de Rome. — Dieu, etc.

---

(1) Collection de Rasse de Noeux, t. I, p. 112. — Ce bulletin de la campagne de 1562-1563 donne une idée de la véracité des récits huguenots.

(2) Le *Petit Homme* est le prince de Condé : il combattait pour le compte de son ambition, et non pour soutenir le trône, qu'il ébranlait.

(3) François de Coligny, seigneur d'Andelot, frère de l'amiral : nous en parlons plus au long ailleurs.

Mais encontre luy s'esleva
Un Guyse, qui mal s'en trouva,
Deffendant le Pape de Rome. — Dieu, etc.

Le Pape, prévoyant ce mal,
En sentant monsieur l'Admiral
Menasser le siége de Rome, — Dieu, etc.

Envoya grand nombre d'escus (1)
Dedans Paris, à ces coquus
Qui avoyent tous juré pour Rome. —
[Dieu, etc.

Les Espagnols et Piémontoys (2),
Qui du Pape gardent les loix,
Y vinrent pour deffendre Rome. —
[Dieu, etc.

D'Andelot estoit allé loin,
Mais il arriva au besoin
Pour ruyner tous ceux de Rome. —
[Dieu, etc.

Le Petit Homme estoit venu
Dedans Paris, où est congneu
Ennemy du Pape de Rome. — Dieu, etc.

---

(1) Il y a des gens qui demandent pourquoi les Parisiens étaient en délicatesse avec les calvinistes : on peut leur chanter ce couplet et les suivants.

(2) L'armée royale renfermait, il est vrai, quelques compagnies espagnoles et italiennes ; mais le poête ne dit pas que les Allemands formaient une partie notable de l'armée des protestants, lesquels, d'ailleurs, venaient de livrer le Havre aux Anglais.

Les coquus, qui estoient dedans,
Armez de fer jusques aux dents,
Deffendans le Pape de Rome, — Dieu, etc.

N'osèrent se mettre déhors,
Car on les eu tuez tous morts,
Nonobstant le Pape de Rome. — Dieu, etc.

Enfin bataille se donna
Près de Dreux, qui les estonna (1)
Et les feit fuyr jusqu'à Rome. — Dieu, etc.

Guyse de près on pourchassa (2)
Si vivement qu'il se mussa
En une grange loin de Rome. —
[Dieu, etc.

Pourtant il ne put eschapper
Que Merey ne vint l'attraper,
Sans avoir dispense de Rome (3). —
[Dieu, etc.

Après tant de belliqueux faits,

---

(1) A la bataille de Dreux, le Petit Homme fut fait prisonnier et les protestants furent battus, quoi qu'en dise la chanson. Le bruit de leur victoire courut un instant dans Paris, mais l'auteur ne put s'y tromper, puisqu'il parle de la mort du duc de Guise, advenue plusieurs mois après.

(2) Cette malicieuse injure à la bravoure du duc de Guise dut avoir beaucoup de succès. — En fait, le duc se réserva pour la fin de la bataille et donner le dernier coup : c'est à l'aide d'une charge de cavalerie qu'il décida la victoire de l'armée royale.

(3) De qui donc en avait-il, pour tuer par-derrière un homme sans défense?

Le Roy nous a donné la paix,
En despit du Pape de Rome. — Dieu, etc.

Loué soit Dieu, qui, des hauts cieux,
Nous donne ce bien précieux !
Remercié soit de tout homme
Détestant le Pape de Rome !

## DU DUC DE GUYSE.

### 1563-1564.

Comme la fouldre, eslancée des cieulx (1),
Brise les monts sans attoucher les plaines,
Ainsi, laissant les troupes moins hautaines,
Dieu fait la guerre aux plus audacieux.

Duc Guysien, Néron malicieux,
Enflé du vent des vanités mondaines,
De ce propos tu rends preuves certaines,
Car Dieu t'en veult comme au plus vicieux.

Christ t'a vaincu, duquel la main armée
Darde un brandon de sa fouldre allumée,
En punissant ton horrible meschef.

Tremblent tous ceux qui ta voix ont suyvie !
En tous leurs corps il n'y a plus de vie,
Puisque Dieu frappe horriblement leur chef.

---

(1) Collection de RASSE DE NŒUX, t. I, p. 74. — L'assassinat du duc de Guise excita dans le parti calviniste une grande exaltation parmi les plus fougueux apologistes de Poltrot. Nous pouvons citer Hugues Sureau de Rogier. — *Bulletin de la Société de l'hist. du protest. français*, t VIII, p. 603. — Il est vrai que MM. Hoog, les savants auteurs de la *France protestante*, en écrivant sa biographie, n'en disent rien : cela se conçoit.

## LES
## QUATRE TYRANS GAULOIS (1).
### 1563.

Henry, François, Guise et Antoine (2)
Ont mise la France en grand peine.
Guise, Antoine, Henry, François
Ont fort travaillé les François.

François, Guise, Antoine, Henry
Ont vu tout la France appauvry.
Henry, François, Antoine et Guise
Ont tousjours tourmenté l'Eglise (3).

Mais tous quatre, pour leurs meffaits,
Par la mort ont été deffaits.
Henry, voulant voir la France ardre (4),
Par les yeux sa vie on vit perdre.

---

(1) *Mémoires de* Castelnau, avec les additions de Le Laboureur, 1659, t. II, p. 193.

(2) Henry II. — François II. — François de Lorraine, duc de Guise — Antoine de Bourbon, roi de Navarre.

(3) C'est-à-dire l'Eglise calviniste.

(4) Henry II, dans le dernier tournoi donné au château des Tournelles, à Paris, reçut dans les yeux un coup de lance, dont il mourut le 10 Juillet 1559. Nous n'avons pu publier toutes les invectives lancées contre ce prince, pendant sa vie et après sa mort, par les protestants. C'était à

Puis François (oh ! quelle merveille ! )
Dieu le tua par une aureille (1).
Antoine, dissipant la Gaule,
Mourut blessé en une espaulle (2).

lui que MM. de Lorraine devaient leur élévation : ce fut sous son règne que furent rendus les premiers édits contre le schisme qui tendait et qui réussit à déchirer en deux la nation française : *inde iræ.* — Ce vers contient une allusion au supplice du feu que la législation appliquait aux hérétiques.

(1) François II était d'une complexion délicate et maladive : ne comprenant pas les intrigues qui s'agitaient autour de lui, effrayé de la conjuration d'Amboise, il s'écriait parfois : — « *Qu'ai-je fait à mon peuple, qu'il me veut tant de mal ?* » — Il s'appuya sur la maison de Guise, et dès lors fut en butte à la haine de leurs ennemis. Les muses calvinistes ne l'épargnèrent pas. Il périt à Orléans, le 5 Décembre 1560, des suites d'un abcès dans l'oreille. Le Laboureur, dans ses additions aux *Mémoires de* CASTELNAU (1731), t. I, p. 522, rapporte qu'une tradition contemporaine voulait que ce prince ait été empoisonné par un de ses valets de chambre, huguenot fanatique ; puis il ajoute que les protestants, coupables ou non de sa mort, en témoignèrent publiquement leur joie par des vers, des libelles et des gravures injurieuses.

(2) Antoine de Bourbon, roi de Navarre, prince brave, mais d'un caractère incertain, flatta tour-à-tour les deux partis, et finit cependant par défendre le trône, seul rôle qui convînt à sa naissance : aussi les protestants le traitaient-ils de *renégat*. Leurs pamphlets en vers et en prose ne le ménagent pas. Sous les murs de Rouen, il fut atteint à l'épaule d'un coup de mousquet. Ses galanteries imprudentes aggravèrent la blessure et lui coûtèrent la vie. — La circonstance matérielle dont parle le poète, paraît exacte : elle fit le bonheur des calvinistes et leur inspira de nombreuses et fines plaisanteries.

Après Guise, leur boute feu (1),
Tomba par jugement de Dieu.
Henry, au milieu du tournoys,
A Paris rendit les aboys.

Antoine, les bons pourchassant,
Devant Rouen mourut pissant.
François et Guise à Orléans,
Guise dehors, François dedans.

Chacun deux sentirent la main
De Dieu sur leur chef inhumain :
Car ils avoient fait entreprise
De ruiner du tout l'Eglise.

Lors, contre humaine espérance,
France recouvra délivrance,
Et soudain en paix fut remise
Du Fils de Dieu la pauvre Eglise.

Ainsi Dieu scait bien dissiper
Ses ennemis et les frapper (2),
En prenant des siens la deffence,
Et les garde par sa puissance.

---

(1) Le duc de Guise fut frappé par-derrière au-dessous de l'aisselle.
(2) Voilà comme on se tire d'affaire dans les causes difficiles à défendre.

## EPIGRAMME.

## 1563.

Dieu, qui gouverne tout, tout bon, puissant
[et sage(1),
A sauver ses enfans démontre sa bonté,
Les délivrant aussi de la grand' cruauté
De ses fiers ennemis, et maint terrible orage.
Mais sa grande puissance a reluy davantage
Quand de trois puissans roys, pour avoir pro-
[jecté (2)
De massacrer ses saincts, bannir sa vérité,
Par mort inopinée a foudroyé la rage.
Puis du triumvirant (3), qui n'eust oncques ses
[bornes,
Ny Dieu, ni roy, ni loy, il a rompu les cornes,
Deux tués en leur camp, l'autre en prison jetté;
Mais à la fin aussi sa sagesse a permis

---

(1) Collection de RASSE DE NOEUX, t. II, 2e partie, p. 58.

(2) Henry II, blessé dans un tournoi, et mort le 10 Juillet 1559. — François II, mort à la fleur de l'âge, le 5 Décembre 1560. — Antoine de Bourbon, roi de Navarre, blessé au siége de Rouen, et mort le 17 Novembre 1562.

(3) Le triumvirat se composait du duc de Guise, du connétable Anne de Montmorency et du maréchal de Saint-André. — Nous avons déjà raconté l'assassinat du duc de Guise. — La seconde victime de la colère divine ne fut pas

Que le Prince (1) tombast ès mains des en-
[nemis,
Pour rendre redoutable à tous sa majesté.

tuée dans son camp : Jacques d'Albon de Saint-André, maréchal de France, un des triumvirs, commandant l'armée de Champagne en 1552, et vainqueur au combat d'Authie, fut pris à la bataille de Saint-Quentin par les Espagnols, qui respectèrent sa vie. A la bataille de Dreux (Décembre 1562), il fut renversé de cheval et fait prisonnier par un gentilhomme calviniste, qui le fit monter en croupe derrière lui ; il fut alors rencontré par un autre cavalier protestant; celui-ci lui cassa la tête d'un coup de pistolet. Quelques historiens attribuent ce haut fait d'armes à Robert Stuart d'Aubigny, le meurtrier présumé du président Minard : c'est une erreur. — A chacun ses œuvres. — Pierre Perdriel, seigneur de Bobigny, connu aussi sous le nom de Maizières, servit d'abord dans la maison de Jacques d'Albon. A la suite d'une querelle, Saint-Cernin, neveu du maréchal, outragea gravement Bobigny. Ce dernier, n'ayant pu obtenir réparation, assassina celui qui l'avait insulté. Saint-André poursuivit en justice le meurtrier, et se fit adjuger les biens confisqués sur le coupable. Bobigny, qu'on n'avait pas pu saisir, se fit calviniste, et tenta d'introduire les protestants dans la ville de Dreux. Pendant la bataille livrée sous les murs de cette ville, il vit le maréchal prisonnier, profita de l'occasion pour se venger et l'assassina. — Quant au dernier triumvir, Anne de Montmorency, il eut la mâchoire cassée dès le début de la bataille, et se rendit au prince de Porcien, qui ne l'assassina pas ; mais plus tard, à la bataille de Saint-Denys, le vieux connétable, à terre, atteint déjà de huit blessures mortelles, fut achevé par ce Robert Stuart dont nous avons parlé plus haut. Fait prisonnier à son tour à Jarnac, il fut tué par ordre du marquis de Villars, pour le punir du meurtre du connétable. Par représailles, les protestants mirent à mort un gentilhomme catholique choisi parmi les prisonniers : voilà les atrocités que les protestants veulent faire prendre pour les actes de la Providence.

(1) Il s'agit du prince de Condé, fait prisonnier à la journée de Dreux : nous en parlerons dans une autre note.

## DE MORTE GUISII.

### 1563.

Guysiadem peteret cum summum dextra tyran-
[num (1),
  Bis decepta igni deficiente fuit (2) ;
Sed misso tandem trajectum pectora plumbo,
  Pallenti letho tradidit exanimem.
Quod prius haud potuit cœptis imponere finem
  Tentabat Domini cœlipotens animum.
At quantus victricis honos et gloria dextræ
  Gallia quâ tanto libera Marte fuit (3) !

(1) *Mémoires de* CASTELNAU. — Edition de Le Laboureur, 1659, t. II, p. 187. — Collection de RASSE DE NOEUX, t. I, p. 59.

(2) Il s'agit de la main droite de Poltrot de Meré. — Le coup, à ce qu'il paraît, rata deux fois avant de partir. — Cela ne prouverait-il pas, me dit un raisonneur, que Dieu n'était pour rien dans ce guet-à-pens ?

(3) Salut et gloire à l'assassinat ! — Heureusement cet éloge est en latin. — Encore quelques années, et la jeunesse du siècle des affaires n'y comprendra rien : à quelque chose est bon le règne du progrès.

## DE GUYSIO.

### 1563.

Aureliam dum captat et in prædam dat Iberis
Guisius, en mortis præda fit et capitur (1).

(1) Collection de RASSE DE NOEUX, t. I, p. 110. — Nous ne citons ce distique que pour montrer que la tactique des révolutionnaires est la même dans tous les temps.— C'était, disait-on en 1563, pour livrer aux Espagnols la ville d'Orléans, que le duc de Guise en faisait le siége ; comme, trois cents ans plus tard, on fera croire au peuple que si les étrangers ont envahi la France, la faute en est à la maison de Bourbon. — *Nil sub sole novi.* — Il est vrai que l'armée royale renfermait quelques compagnies espagnoles et italiennes ; mais, nous le répéterons, les lansquenets tenaient la ville pour les protestants, et si les Anglais avaient pu rentrer en conquérants en France, c'est que les calvinistes leur en avaient livré l'entrée.

## DU SUPPLICE
### de
## POLTROT DE MEREY.
### 1563.

Quand ce brave Poltrot, au supplice es-
[tendu (1),
Encourageoit sa chair à prendre patience,
L'amour saint du pays fut alors entendu
En pitié consoler ainsi son innocence (2).

— Mon cher enfant, par qui la paix retourne
[en France,
Qui n'as d'un si haut fait autre bien attendu,
En souffrant ce tourment contre ton espé-
[rance (3),
Le loyer t'en sera ès deux mondes rendu.

Un jour ne sera plus la France opiniastre :

---

(1) Collection de RASSE DE NOEUX, t. I, p. 118. — Cette pièce est une allusion aux détails du supplice subi par Poltrot.

(2) Qui prétendait-on abuser? N'est-ce pas insulter au bon sens de la nation, à la morale publique?

(3) Poltrot espérait donc être délivré. Que lui avait-on promis? Qui lui avait fait des promesses?

Lors elle te sera mère, et non plus marastre,
Te faisant vivre entier à la postérité (1).

Hippolite revesquit, qui fut ainsi traité (2).
Mais, sus, au ciel, mon fils, Dieu t'ouvre la
 [barrière (3),
Et voicy les chevaux pour fournir la ·car-
 [rière (4).

(1) Cette fois, le poète est dans le vrai : l'histoire n'oubliera jamais le nom de l'homme qui ne craignit pas d'inaugurer en France l'ère des assassinats politiques.

(2) Thésée serait bien surpris de voir comparer son malheureux fils avec Poltrot.

(3) M. de Guise gênait Dieu : Dieu l'a fait assassiner par Poltrot ; naturellement, Poltrot a droit à une place au ciel. Rien n'est plus logique. — Mais quel est le parti aveuglé par ses passions, qui ne peut aussi promettre à ses séides la gloire sur la terre et les joies du repos éternel ? — Tous ces vers ne sont que primes données à l'assassinat.

(4) Poltrot fut écartelé par quatre chevaux : cette allégorie ne serait qu'une mauvaise plaisanterie, si, dans cet étrange sonnet, les outrages faits au bon goût ne le disputaient pas aux bravades adressées à la morale la plus vulgaire.

Parmi les principaux monuments littéraires élevés en l'honneur de Poltrot, il nous faut encore citer un poème latin, que sa longueur nous condamne à laisser hors de notre recueil.

Les protestants l'attribuent au savant Turnèbe, mort en 1565. Cette œuvre étrange, qu'ils publièrent sous son nom, parut d'abord à Bâle : on n'en tira qu'un petit nombre d'exemplaires. Elle fut ensuite réimprimée en 1567, à Genève. — On la trouve complète dans l'édition des *Mémoires de* CASTELNAU, donnée par Le Laboureur, en 1659, t. II, p. 226. — Turnèbe fut-il calviniste ? Rien n'est moins certain. Comme tous les gens sensés, il était tolérant et partisan de la paix ; mais l'ami de L'Hospital et de Christophe de Thou n'a pu faire l'éloge d'un crime. — Pour achever sa justification, disons que Le Laboureur (*Mémoires de* CASTELNAU, 1731, t. II, p. 213) attribue ce poème à un sieur de Mandoré, calviniste zélé et bon latiniste, parmi les œuvres duquel il se trouve. Quoi qu'il en soit, en voici la fin :

> At tu, summe Pater, qui tela manusque tuorum
> Dirigis, et vatum calamos, da vivere natum
> Carmen ab obscuro, atque oculis manibusque teneri,
> Plurimus ut maneat Meræus in ore nepotum.
> Auctorem magnorum operum te quidquid, ubique est,
> Sentiat, et placidum malit quam horrere tonantem.

Le vœu du poète a, par malheur, été accompli : les légendes sanglantes du XVI° siècle ont gardé la mémoire de plusieurs Poltrot de Merey. A partir de 1563, chaque parti dut rougir d'en compter sous sa bannière.

## DE POLTROT.

### 1563.

Que te semble, Passant, de ce corps déha-
[ché (1) ?
De ce corps tout sanglant, çà et là attaché ?
Ce n'est ny d'un brigand, ny d'un meurtrier la
[monstre ;
Ains du plus juste et saint, qui en ce temps se
[monstre.
C'est le corps de Poltrot, qui tant s'esvertua
Que le Tyran tueur des chrestiens il tua,
Voyre le fier Tyran, qui tenoit en souffrance
Le roy mineur, sa mère et tout le sang de
[France.
Ce Tyran endiablé, qui, avec les malins,
Remplit de toutes parts la France d'orfelins,
Cuydant par ce moyen charpenter une eschelle
Pour monter sur le roy, qu'il tenoit soubs son
[aisle.

(1) Collection de RASSE DE NOEUX, t. I, p. 76. — Allusion au supplice cruel subi par Poltrot. Il fut condamné à être tenaillé, tiré à quatre chevaux et écartelé. Toutes ces tortures étaient de trop. L'horreur qu'elles inspiraient faisait tort à celle méritée par le crime.

Ja, ja sa main superbe attouchoit la couronne,
Qui de Charles le chef aujourd'hui environne.
Il avoit ja au poing son glaive tout trenchant
Pour meurtrir sans pitié et la mère et l'enfant.
Mais Dieu, dardant le bras de sa haulte puis-
[sance,
Fist tantost tumber bas une telle arrogance,
Quand il transmeist Poltrot, qui luy osta la vie,
Et luy donna la mort, qu'il avoit desservie.
A tous pervers remeist le glaive au fourreau :
Alors veint sur les champs ce mot de paix tant
[beau :
Alors les ennemis à s'acoller se prindrent ;
Car le coup de Poltrot feit qu'amis ils devin-
[drent.
Ainsi ce détranché meit, par son grand malayse,
Le roy et tout son sang, et la France à leur
[ayse.
Rebelle parlement, tu cuydois bien cacher
Et esteindre son nom, le faisant déhacher ;
Mais, en despit de toy, son renom fleurira,
Dieu en sera loué, et l'Eglise en rira (1).

(1) Les calvinistes et leur Eglise ont-ils beaucoup ri des suites de ce lâche guet-à-pens ? En tout cas, le parlement de Paris a fait son devoir en mettant à mort Jean Poltrot de Meré. Si tous les attentats aux lois avaient été punis aussi justement depuis trois siècles, nous serions plus avancés dans la voie de l'ordre et de la liberté.

Le nom de Poltrot est resté fameux : mais à qui doit-il cette triste célébrité ? N'est-ce pas aux poètes du calvinisme ? Au surplus, son renom est le châtiment des hommes dont il était l'instrument, des littérateurs qui ont chanté son crime.

Parmi les poètes qui trouvèrent plus agréable de rimer

ses louanges que de partager ses périls et ses tortures, il nous faut citer un docteur Hollutius, habitant d'Orléans si on en croit Le Laboureur. Il est l'auteur d'un poème en l'honneur de Poltrot, dont nous nous bornerons à citer ces vers :

> Vixisses utinam, Poltrote, sed absque periclo !
> Proceloarum facinus difficile est facere.
> Quas laudes, quos amplexus, quæ gaudia ferres !
> Quas grates cœtus solveret iste tibi.....
> Una Politrotus nunc diceris atque Merœus,
> Vulnera multa ferens, præmia multa merens.

Ce panégyrique paraît avoir été lu dans une réunion de calvinistes, où l'on persistait à louer, à chérir la mémoire de Poltrot. — Les deux derniers vers contiennent à la fois une allusion à son supplice et un jeu de mots érudit. — Le nom de Politrotus est composé des mots grecs — πολυς, beaucoup, — et τραυμα, τραυματος, blessure, — ou encore τροτος, blessé. — Nous avons tiré ces vers de l'édition des *Mémoires de* CASTELNAU, avec les additions de Le Laboureur, 1659, II, p. 231.

## ELOGE DE POLTROT.

### 1563-1564.

Peut-on louer Judith d'Holopherne tué (1),
Que l'auteur de ta mort, Guise, ne soit loué ?
Judith fut lors de Dieu à ce faire poussée,
Qui t'a donc ceste main et pistole dressée.
Car il luy plaist ainsy, sans grand force, def-
[faire
Quiconques est à luy et ses enfans contraire :
Mais Judith de son fait n'a rapporté que gloire,
Et cestuy cy la mort, et eust tourment encore.

(1) Collection Rasse de Noeux, t. II, p. 57, 2ᵉ partie. A cet éloge opposons le jugement d'un homme du temps passé :

« Quelque perte que fit la France en la mort du duc de Guise, celle des huguenots fut, sans comparaison, plus grande par la juste indignation qu'ils attirèrent sur leur party, en se glorifiant d'un meurtre dont ils pouvoient profiter mesme en le détestant. Mais leur aveuglement fut tel (je parle des zélés) et leur passion si furieuse, qu'il n'y avoit pas de crimes qu'ils n'honorassent, pourvu qu'on s'en servit contre les catholiques. Et ils se l'envioient les uns aux autres pour mériter quelques éloges de leurs confrères. Le Vieil Testament et la loy de rigueur n'ont point d'exemple de cruauté que les ministres de ce temps là ne prechassent ; et comme ils estoient puissans en paroles et fort considérez par les protecteurs de leur nouvelle Eglise, c'est un miracle qu'il ne se soit trouvé qu'un Poltrot parmy tant d'esprits plus foibles que meschans, qui s'abandonnoient à leur conduite. » — *Mémoires de* Castelnau, additions de Le Laboureur, 1659, t. II, p. 224.

## L'ÉPITAPHE
### de
### POLTROT DE MEREY.
#### 1563-1564.

Ny l'antique grandeur, dont les loix de Ly-
[curgue (1)
Ont jadis honoré le peuple athénien,
Ny les braves effects de ce grand Libien (2)
Ja par le Grec chanté, le Latin et le vulgue (3);

Ne l'hardy chevalier, que louent les Ro-
[mains (4),
Dont le gouffre hydeux célèbre tant le nom,
Ne peuvent approcher de l'immortel renom
Qu'as dignement, Merey, acquis sur tous hu-
[mains ;

Car une seule mort, par la tienne vengée,
En a cent et cent mil aux fidèles sauvée,

---

(1) Collection RASSE DE NOEUX, t. I, p. 120.
(2) Hercule ne tua que des monstres.
(3) *Vulgus*, le monde, les hommes en général.
(4) Publius Decius Mus se dévoua aux dieux infernaux, pour assurer la victoire des Romains aux prises avec les peuples du Latium, 340 ans avant Jésus-Christ. Il se fit tuer les armes à la main et n'assassina personne.

Et en t'abandonnant, la France as préservée (1)
Des tourmens, qui l'avoyent jusqu'icy outragée.

Ton généreux dessein, dont l'effect glorieux,
Appaise nos discords, assopit nostre guerre,
Fait qu'à ton loz, Merey, l'universelle terre
En chante l'épitaphe, et ton guerdon les cieux.

---

(1) L'auteur oublie que Poltrot, après avoir commis son crime, s'est élancé sur un excellent cheval d'Espagne, et prit la fuite avec tant de rapidité, qu'on n'a pu l'atteindre. S'il a fini par être arrêté, c'est qu'il s'est perdu dans les bois de la Sologne. Quant au service que Poltrot a pu rendre à la France et à ses amis, en assassinant le duc de Guise, l'histoire de la Saint-Barthélemy se charge de répondre au poète. — En ouvrant les portes du ciel aux assassins calvinistes, comment Théodore de Bèze et ses amis prétendaient-ils les fermer aux meurtriers catholiques ?

# LOUANGE

DE LA MAIN DE POLTROT.

1563.

---

Que le peuple Romain (1)
Se vante de la main
De Mutius Scævola (2),
Parce que la France a
Maintenant bien de quoy
Devancer son arroy !

(1) Collection de RASSE DE NOEUX, t. I, p. 73. — Cette fois, ce n'est plus à la Bible que les muses protestantes vont demander des arguments en faveur du tyrannicide : elles vont frapper à la porte de l'histoire ancienne.

(2) L'an 507 avant Jésus-Christ, Porsenna, roi d'Etrurie, assiégeait Rome, lorsque Caius Mutius tenta de le poignarder. — Le jeune Romain laissa brûler son poing gauche sans se plaindre. De là son surnom de *Scævola*. Porsenna, touché de son courage, lui donna sa grâce et fit la paix. Le prince étrusque était pour C. Mutius un étranger ; mais, quoi qu'il en soit, frapper un homme sans défense est toujours commettre un assassinat ; et de plus, dans le cas dont il s'agit, Caius Mutius, croyant frapper le protecteur de Tarquin, avait tué son secrétaire. L'authenticité de cette légende latine a été mise en doute ; mais, fût-elle vraie, un crime ne peut justifier un autre crime.

Mais aussi que la Grèce,
Comme recelleresse
Des tyrans, ne se prise
De la haulte entreprise
De ceulx qui ont mis bas
Des tyrans les estats (1).

Maintenant je puis bien,
O main, dire combien
Tu devances l'honneur
De ceux là par ton heur :
Heur jamais non connue
Ny en France venue (2) !

Car la France affranchie,
Comme serve fleschie,
Jamais ne fust cogneue :
Mais, plus à la venue
Du cruel estranger
Ne s'est voulu venger (3).

---

(1) Allusion à la conspiration d'Harmodius et d'Aristogiton contre les enfants de Pisistrate, Hipparque et Hippias : ce dernier les fit mettre à mort comme assassins de son frère. Ce fut en Grèce que le tyrannicide fut, pour ainsi dire, inventé. Sous ce ciel brûlant, qui corrompt les mœurs et exalte les imaginations, il eut de nombreux sectaires, et leurs attentats furent célébrés, comme le crime de Poltrot. Mais des odes en grec, pas plus que des chansons en français, ne prouveront jamais qu'un citoyen ait le droit d'attenter à la vie de son semblable en dehors des cas et des formes indiqués par la loi.

(2) Nous aimons à voir le poète calviniste avouer qu'avant la Réforme, les Français n'avaient pas l'habitude d'assassiner leurs ennemis.

(3) Les trois premiers vers de ce couplet nous semblent

L'estranger decevant,
Et la mort concevant
De tes princes, tu as
Ruyné par ton bras,
Servant d'exemple à tous
Estrangers d'estre doux.

O main donc bien heureuse (1)!
O pouldre vertueuse !
O balle précieuse !
O pistolle fameuse !
Puisque, par ton seul fait,
Nous sentons tel effect.

Si jamais le loisir
Je trouve à mon désir,
Je te promets chanter
Et à tous te vanter,
Comme le comble, o main,
De l'heur du genre humain (2).

signifier que la France, terre libre, ne fut jamais connue comme terre d'esclavage. La négation qui commence le dernier vers n'est-elle pas une erreur de plume, et ne faudrait-il pas lire :
S'en est voulu venger?

Ces étrangers sont MM. de Guise. Nous avons déjà dit que François I<sup>er</sup> avait donné des lettres de naturalisation à leur père. — La tactique des partis révolutionnaires est toujours la même.

(1) Comme si un assassinat pouvait jamais être un bonheur, relever le moral d'une nation et lui donner des jours de force et d'honneur!

(2) Pour peu que le poète n'ait pas immédiatement eu le loisir de chanter les hauts faits de Poltrot, il aura pour le moins eu celui d'en voir les suites fatales.

# DISTIQUE

#### CONTRE LES GUISARDS.

#### 1563-1564.

Autant que sont de Guisards demeurez,
Autant il y a en France de Mereiz.

(1) Collection RASSE DE NOEUX, t. I, p. 110. — V. Légende du cardinal de Lorraine, *Mémoires* de CASTELNAU, — Additions de Le Laboureur, — édition de 1659, t. II. — C'est à ce distique et à bien d'autres pièces qui suivent, que fait allusion l'auteur de la *Conjonction des lettres et des armes* (fol. 63), dans ce passage :

« Mais c'est assez parlé de la haine qu'ils ont portée à feu M. de Guyse : parlons maintenant de celle qu'ils ont exercée contre M. le cardinal. Or elle a esté si grande, que depuis le massacre du feu duc de Guise, son frère, ils le menaçoient d'avoir encore de reste non-seulement quarante (ainsi que nous lisons de saint Paul), mais infinis Poltrots ;.... d'avoir, dy-je, au lieu de ce meurtrier poltron, infinis autres suscités pour luy oster la vie, lesquels avoient fait complot et serment avec exécution qu'ils ne mangeroient ni ne boiroient jusques à ce qu'ils auroient semblablement occis Charles. Par quoy, combien que Charles aist esté journellement en continuels dangers de sa vie depuis que cette dure engeance d'hérétiques s'est eslevée en France, si a il esté en plus grand danger depuis son retour du concile de Trente, lorsqu'il trouva mort son bras droit..... Depuis ce temps là, ne plus ne moins que la butte aux archers, la beste rousse aux chiens de chasse, ainsi ce bon seigneur a esté proposé aux hérétiques contre lequel seul ils décochassent leurs flèches, contre lequel ils lançassent leurs darts, lequel ils transperçassent, lequel ils poursuivissent par tous moyens pour le frapper. »

## AU CARDINAL.

## 1563-1564.

Au renard, qui avoit d'une crosse tortue (1)
Régy jusques icy le beau sceptre royal !
Ores s'en va quinault (2), loing du sang
[lilial (3),
Ensanglanter les bords de sa mitre pointue.

Au renard ! au renard ! La France est dé-
[vestue,
A sa confusion, d'un indicible mal,
D'un sanguinaire front, d'un fiéleux réalgal (4),
Qui, hélas ! pauvrement les bons innocens tue.

Au renard ! Sa fureur fait qu'ores s'humilie,
Comme au vent aquilon le sien, qui se plie (5),
Despouillé justement de son superbe titre.

(1) Collection de Rasse de Noeux, t. I, p. 17.

(2) *Quinault.* — Aujourd'hui on écrit *quinaud :* confus, mystifié.

(3) La famille des lys, la famille royale.

(4) *Réalgal,* ou *réalgar.* — C'était alors, en chimie, le nom d'un corps depuis connu sous celui de *sulfure jaune d'arsenic :* c'est un poison. — *Réalgal* était aussi l'équivalent d'*essence, quintescence.* Dans ce cas, un *fiéleux réalgal* signifierait : *nature pleine de fiel, de méchanceté.*

(5) Ne faut-il pas lire : — Le chêne qui se plie ?

Le roy qui fait les roys a bien peu ce pré-
[voir,
Qu'il se vouloit guinder plus hault que le deb-
[voir.
Au renard ! Qu'il est laid sous sa capharde
[mitre (1) !

(1) Ces vers furent composés après l'assassinat du duc de Guise, lorsque le cardinal, profondément ému de cette mort violente, quitta la Cour, se retira dans son diocèse et reprit ses fonctions et, par suite, son costume d'archevêque. — Peut-être ce pasquil fut-il composé pour mettre au bas d'un de ses portraits, où on l'aurait représenté mitré. — Quant à sa mitre, elle fut épargnée par la Révolution et longtemps conservée dans la bibliothèque de la ville de Reims, où elle fut volée, il y a déjà de nombreuses années. Nous en avons donné la description exacte et la reproduction dans notre volume des *Trésors des églises de Reims*.

## DU CARDINAL DE LORRAINE

### RETOURNÉ DU CONCILE.

### 1563.

---

Soubz un regard benin, une façon hon-
[neste (1),
Un doux guygner des yeux, un pas bien
[mesuré,
Un beau geste des mains, un parler asseuré,
Un rire contrefait, un beau bransler de teste (2),

Un accueil gratieux, à chascun faisant feste,
Un habit estranger des François honoré (3);
Brief, sous un beau semblant vouloir estre
[adoré,
Et cependant avoir la conscience preste

A faire mille maux, à faire une entreprise

---

(1) Collection RASSE DE NŒUX, t. I, p. 55.

(2) C'est-à-dire un sourire étudié.

(3) L'habit de cardinal. — Ce portrait du cardinal de Lorraine est assez exact. Voici celui qu'en a donné l'auteur de la *Conjonction des armes et des lettres* (fol. 8). Ce rapprochement nous parait curieux :

« Car affin que je ne touche point icy la beauté de sa forme et corsage, la gracieuseté de son front ouvert et large, les douces œillades de ses yeux azurez, la dignité de sa

A troubler un Estat soubz le nom de l'Eglise,
Et à nous ramener à la guerre civile (1),

Voilà, voilà les biens que Charles de Lor-
[raine,
Revenu freschement de Rome et du concile,
Dessoubs son grand manteau, en France nous
[rameine.

bouche, de ses yeux et de sa face, en quoy reluisoit merveilleusement la grandeur et excellence de son esprit singulier, il avoit les membres bien proportionnez, le corps droict et médiocrement plain ; — estoit haut de stature, telle qu'on la voit communément ès illustres princes lorrains, surpassant presque tous de toute la teste ; — la face un peu longuette, le regard droict, mais baissé en terre, quand il prioit ou méditoit quelque chose ; — la face joyeuse et riante, gaye et allègre en compagnie, mais estant seul, portant le visage d'un homme pensif et qui discourt en son esprit des hautes entreprises et cogitations de conséquence ; — la couleur brune et rougeastre au-dessus des joues, mais, sur sa vieillesce, un petit resserré et terne, quelquefois aussi jaunastre, quand il estoit triste ; — ouvrant aucunement la lèvre d'embas quand il parloit, et monstrant ses dens bien unies et serrées et courtes ; — le devant de la teste eslevé, ample et éminent, — ce qu'on dict appartenir à ceux qui sont de vif et subtil esprit à inventer et excogiter d'eux mesmes quelque haute chose, sans estre enseignez d'ailleurs ; — de complexion corporelle autant forte et ferme qu'elle estoit nécessaire pour soustenir les travaux qu'il luy estoit besoing d'endurer au maniement des affaires de si grand poids qu'il avoit journellement en main. — Il avoit la voix pleine et clère, sans s'efforcer aucunement : — brief, il avoit sa langue tellement à commandement, qu'il proféroit et prononçoit autant distinctement et intelligiblement les mots, qu'il y eut homme au monde. »

(1) Ainsi que nous l'avons dit, Charles de Lorraine était au concile de Trente quand son frère fut assassiné. La paix fut faite, mais la maison de Guise n'en demanda pas moins

justice contre les meurtriers du duc, et ne cessa d'accuser les protestants, et surtout Coligny, d'être les complices de Poltrot. Elle pouvait se tromper quant à ce dernier ; mais elle disait vrai quand elle soutenait que Poltrot n'était qu'un instrument ; aussi le parti protestant s'inquiétait-il avec raison de ces poursuites énergiques. Il eût été plus glorieux pour lui, et plus heureux pour la France, de ne pas les provoquer.

## SOUS L'EFFIGIE DU CARDINAL.

Cecy est le portrait du plus malicieux (1),
Hippocrite, meschant, qui soit dessouz les
[cieux,
A qui le diable a fait d'envie et d'avarice
Retrait et magasin, et de tout autre vice.

Le jour, il contrefait le saint homme de bien,
Et de nuict le villain est un bougre et ruffien.
Son père commença à meurdrir l'Evangile,
Dont les enseignes sont pour tesmoins à Join-
[ville.

Et luy vend Jésus-Christ comme un Judas
[infame :
Luy et les siens veulent réduire en feu et
[flamme,
Osant bien censurer la très saincte Escriture,
Repos des vrais chrestiens et divine pasture,

Acheminant tout mal, pauvreté et meschance,

---

(1) Collection RASSE DE NOEUX, t. I, p. 18. — Les poètes protestants se distinguaient dans tous les genres de littérature : voici l'acrostiche tel qu'ils l'entendaient. En lisant la première lettre de chaque vers, on y trouve C.h.a.r.l.e.s d.e L.o.r.a.i.n.e. — Le parti qui compte dans son sein des muses aussi distinguées est bien fort.

Iamais rien ne cherchant que ruyner la France,
Ne luy challant de tout, pourvu qu'il pille et
[happe (1) :
En fust il oncques un plus digne d'estre
[pape (2) ?

(1) Ne faut-il pas lire : Ne luy challant de rien ?

(2) Quel trait! Il y a là de quoi tuer un homme et tout un parti. — Le second quatrain rappelle la bataille de Saverne, gagnée par Antoine, duc de Lorraine, et son frère Claude, père du cardinal, contre les protestants d'Allemagne, qui avaient envahi l'Alsace. Il est probable qu'au château de Joinville, habité par Claude de Lorraine, se voyaient quelques trophées d'armes, quelques inscriptions rappelant cette victoire remportée sur des étrangers. Claude de Lorraine, gouverneur de Champagne, fut créé duc de Guise par François Ier. Il mourut au château de Joinville en 1550. — Le cardinal de Lorraine, dans sa jeunesse, portait le nom de ce domaine. — Ces vers furent sans doute appliqués au bas d'un des portraits du cardinal. Il en reste quelques-uns. La ville de Reims en possède plusieurs ; ils justifient tout ce que dit N. Boucher de cette grande figure.

## DES BÉNÉFICES

## DE L'ARCHEVÊQUE DE REIMS.

### 1563-1564.

Du cardinal les ordonnances portent
Que tous prélats, sans nulle exception,
A leur troupeau désormais se transportent
Pour leur donner, ce croy-je, instruction,
Ou d'encourir griève punition.

Si tous rengez se sont à leurs offices
Et chascun d'eux a tant de bénéfices,
Ils ne pourront y fournir tous entiers.
Donc par bourreaux, pour faire leurs services,
Faut qu'ils soient mis en infinis quartiers (1).

---

(1) Bib. nat., fonds Gaignières. — Collection de RASSE DE NOEUX, t. I. — Le cardinal de Lorraine, après la mort de son frère, fut ému profondément, songea même à quitter pour toujours les affaires publiques et à rentrer dans son diocèse. — C'était, d'ailleurs, obéir aux ordres du concile de Trente et aux ordonnances royales. Il vint donc se fixer à Reims ; mais les menaces des protestants, l'activité de son esprit, les besoins de l'Etat le rappelèrent bientôt aux affaires. — Ses ennemis étaient dans le vrai en lui reprochant le cumul des bénéfices. — Mais ils étaient dans la voie du crime en le menaçant de mort.

## ACROSTICHE

### EN FORME DE SONNET.

#### 1563-1564.

Comme jadis ceux-là, qui, encontre les
[dieux (1)
Hardis entrepreneurs de téméraire force,
Ayants ensemble mis Pélion dessus Osse,
Renversés furent tost par tempeste des cieux,

Le semblable est venu à ce prestre envyeux,
Estant en haut monté avec sa mitre et crosse,
Se faisant toujours fort, soubs une mine fausse,
La France gouverner, en attendant mieux.

Or le Dieu tout puissant, cognoissant que ce
[traistre,
Ruzé en tous ses faits, meschant et malheureux,
Rien n'espéroit sinon que se faire le maistre,

A rompu ses desseins ; et comme l'on peult
[veoir,

---

(1) Collection de RASSE DE NOEUX, t. I, p. 10. — Les lettres initiales de chaque vers donnent *C.h.a.r.l.e.s L.o.r.r.a.i.n.*

Impatient de deuil, est du tout furieux,
N'ayant en son esprit qu'un cruel désespoir (1).

(1) Ces vers durent être faits lorsque le cardinal, après la mort de son frère, se retira dans son diocèse. — C'est toujours la même tactique, la calomnie employée pour perdre un ennemi, *en attendant mieux*.

## AU CARDINAL.

### 1563-1574.

Faulce vipère, aspic pernicieux (1),
Qui, en ayant au diable ton service
Du tout voué, n'as rien que l'avarice,
Loup enraigé, renard ambitieux (2) ;

Bouc, mais de tous le plus incestueux,
Moqueur de Dieu, magasin de malice,
Où sa dernière espreuve fait le vice,
Tygre affamé du sang des vertueux (3) ;

Monstre hydeux, sans honte, insatiable,
Sans foy, sans loy, infect, abominable,
Fléau des chrestiens, contraire à vérité,

Qu'attends-tu plus ? Ne vois-tu la tempeste,
Qui io déjà foudroyé sur ta teste,
Et contre toy Dieu très fort irrité ?

---

(1) Collection de RASSE DE NOEUX, t. I, p. 17. — Voilà ce qu'on appelle un portrait peu flatté. — Les derniers vers peuvent faire supposer qu'il fut écrit après le meurtre du duc de Guise.

(2) Réminiscence des anagrammes qu'on peut lire en tête de ce recueil.

(3) Sous le titre de : *Le Tygre*, les huguenots publièrent contre le cardinal de Lorraine un pamphlet des plus violents. Si nous ne reproduisons pas ici ce tissu de calomnies, c'est qu'il se trouve dans divers recueils. M. Louis Paris en a donné, il y a quelques années, une intéressante et bonne édition.

## ASSASSINAT DU DUC DE GUISE

### RACONTÉ PAR UN PROTESTANT, A L'OCCASION

### DE SON ANNIVERSAIRE.

### Février 1564.

---

Durant que le Guisart gouvernoit nostre
[France (1),
Citadins d'Orléans vivoyent en grand souf-
[france :
Dieu suscita le vaillant de Meré,
Qui le Guisart ha massacré.

Le Guisart, ennemy de toute l'Evangile,
Il avoit bien juré, s'il entroit dans la ville,
Il fit serment que, s'il rentroit dedans,
Mettroit tout à feu et à sang.

---

(1) Fonds Gaignières, 485.— Collection RASSE DE NOEUX, t. V, 2ᵉ partie, p. 11 et 12. — Notre préface donne l'histoire de l'assassinat du duc de Guise : nous n'y reviendrons pas. — Mais l'intérêt de cette chanson consiste en ce qu'elle prouve que les protestants n'avaient pas compris leur faute. Ils célébraient avec une pieuse joie l'anniversaire de leur crime. Ces couplets sont ceux de la fête de 1564. On verra plus loin le *Te Deum* de 1566. Les années passaient sans éteindre la colère des calvinistes, sans les éclairer sur l'immoralité de leurs théories. Ils provoquaient le ressentiment des Guises, ils défiaient la foudre : elle finit par leur répondre.

Le vaillant de Méré entendit sa parolle,
N'a guères demeuré à bien jouer son role ;
    A demandé à un page tout bas (1) :
    — Monsieur de Guise vient-il pas ?

Le page lui respont sans aucune fallace :
— Ouy, vois le ci venir sous son corps de
                                [cuirace.
    Allors Poltrot, sans faire aucun semblant,
    Se pourmenoit en l'attendant.

Le Guisart est passé du long de la rivière.
Poltrot le devança de fort bonne manière :
    Se pourmenant sous le noier du coin,
    Tenant sa pistolle en son poing.

Ceste pistolle étoit de poudre bien chargée :
Trois balles estoient dedans, sans aucune
                                [dragée,
    Qu'il fit forger à Lion tout exprès,
    Pour faire un si beau coup après.

Le Guisart est passé tout du long de la haye.
Poltrot le devança, luy fit mortelle playe,
    Et luy donne, ce vert gallant,
    Dedans l'espaulle bien avant.

Le Guisart s'escria en tumbant de la selle :
— Hélas ! je suis blessé au dessous de l'aiscelle.
    Disant tout haut : — O maudits huguenots !
    Le monde n'a pour vous que maux.

---

(1) Il s'agit du seigneur de Crenay, officier de la suite du duc.

Monsieur de Rostaing, vaillant homme de
[guerre (1),
De la grand peur qu'il eust, cheut de sa mulle
[à terre :
Et le Guisart s'escria haut de loin :
— O! le beau revaucheur de foin !

Qui en fut bien fasché? Le seigneur de Mar-
[tigues :
D'Andelot resjoui, en lui faisant la figue (2),
En luy disant : — Tu n'es plus colonel
Par un si beau coup solennel.

(1) Tristan de Rostaing, gentilhomme de la maison du duc de Guise, n'était pas un soldat. Sa vie se passa dans les travaux de la diplomatie et de l'administration. Il accompagnait M. de Guise, quand le crime fut commis. Monté sur une mule pacifique, il essaya vainement d'atteindre Poltrot fuyant sur l'excellent cheval espagnol acheté des deniers donnés par Coligny. Est-il tombé par terre? L'histoire n'en dit rien. C'est lui qui ramena le duc de Guise au camp. Il était alors conseiller d'Etat. Depuis, il fut chambellan du roi, gouverneur de l'Ile-de-France et chevalier du Saint-Esprit.

(2) Ces quatre vers sont d'une naïveté terrible : nous n'avons pas besoin de les commenter. François de Châtillon, seigneur d'Andelot, frère de l'amiral de Coligny, fut, dès le règne de Henry II, colonel général de l'infanterie française : il prit parti pour les Bourbons dans les premiers temps de leur rivalité contre la maison de Guise. Arrêté, comme conspirateur, en 1559, il fut enfermé dans la prison de Melun, dépouillé de sa charge de colonel général. Après le colloque de Poissy, il se fit protestant.

Sébastien de Luxembourg, duc de Penthièvre, vicomte de Martigues, dit le Chevalier sans peur, fut, à son retour d'Ecosse, où il commandait nos troupes envoyées au secours de Marie Stuart, nommé colonel général de l'infanterie, en remplacement de Charles de la Rochefoucauld, tué au siége

Lors si vous eussiez vu les Souisses de garde,
Ayant le cœur transi, prendre leur hallebarde,
De grand regret abandonner le broc,
Pour tascher à prendre Poltrot !

Qui fit cette chanson ? Un enfant de la ville,
Faisant profession de suivre l'Evangille :
Au bout de l'an revisita le lieu,
Pour en rendre louange à Dieu !

de Rouen : c'est en cette qualité qu'il menait à la bataille de Dreux les fantassins français, tandis que d'Andelot, qui conservait son titre dans l'armée calviniste, conduisait les fantassins protestants.

En 1563, ce dernier était gouverneur d'Orléans, quand Poltrot sortit de la ville pour assassiner le duc de Guise. — Après la paix, qui suivit cet attentat, il paraît avoir été rétabli dans son grade de colonel général : mais les catholiques et les partisans de Guise ne lui obéissaient qu'à regret. Chiari, capitaine des gardes, ayant refusé de recevoir ses ordres, fut assassiné. D'Andelot est accusé d'avoir ordonné ce meurtre. — Il mourut le 27 Mai 1569 et fut inhumé à Nismes, dans la cour de l'hôtel-de-ville.

Son compétiteur, M. de Martigues, nommé, vers 1564, gouverneur de Bretagne, fut tué d'un coup d'arquebuse au siége de Saint-Jean-d'Angély, aussi en 1569.

# ECHO

### SUR LA GUERRE CIVILE DE FRANCE.

## PROVOCATION AU MEURTRE

### DU CARDINAL DE LORRAINE.

### 1564-1570.

Dy moy, Echo, de qui l'ambition (1)
En France meit si grande émotion,
Qui entre nous le fer sanglant aguise ?
    Guyse.

Ce fut donc luy qui commença ces maux,
Qand son audace outragea les vassaux
De son seigneur et du nostre à Vuassy ?
    Sy.

Que vouloit il estre, après avoir fait
Tel mal en France, ayant du tout deffait
L'estat du roy en si grand desarroy ?
    Roy.

Qui a rendu ses hauts pensers si vains ?

---

(1) *Mémoires de* CASTELNAU, édition de 1619, t. II, p. 193. — Collection RASSE DE NOEUX, t. I, p. 135.

Qui a payé ses superbes desseins,
Qui ont couvert nos campagnes de morts ?
Mors.

N'a-il appris, par cest évesnement,
Son Cardinal de ne plus meschament
Par tels effets se pourchasser renom?
Non.

Donc, s'il ne change, et si tousjours pour-
[suyt,
Un payement pareil aussi le suyt,
Et comme luy sera atteint aussi.
O sy.

Et si la mort avoit exterminé
Ce malheureux à nostre mal-heur né,
Nous yrions de la paix ressentans.
Cent ans.

Ne sont encor en France demeurés
Quelque Scévole, ou quelques bons Méreys,
Qui en cestuy vengent nos maux passés?
Assez.

Dieu veuille donc en adresser la main
Si dextrement contre le loup lorrain,
Que de ce coup naisse en France la paix !
Paix (1)!

---

(1) Ce mot doit vouloir dire ici : Taisez-vous ! Silence ! — La date de cette pièce est peut-être incertaine : mais rien n'est plus net que l'innocence de ses intentions.

## DU CARDINAL.

### 1564-1565.

---

Celuy qui a rompu et violé sa foy (1)
Jurée sainctement aux princes de l'Empire ;
Ce renard cauteleux, des animaux le pire,
Né pour trahir son Dieu, son pays et son roy ;

Celluy qui, pour masquer les abus de sa loy,
Un concil Tridentin a voulu introduire (2);
Ce tyran cramoisy, qui mort, feignant de
[rire (3),
Qui trouble tout, feignant n'y toucher que du
[doigt ;

---

(1) Collection de Rasse de Noeux, t. I, p. 74.—En 1551-1552, Henry II s'allia contre l'Empire avec quelques princes luthériens. A cette occasion, le cardinal de Lorraine aurait tenu quelques propos favorables à la confession d'Augsbourg. Brantôme dit que c'était uniquement pour plaire aux Allemands réformés.—Les protestants voulurent faire croire que l'archevêque de Reims avait promis d'embrasser la Réforme. Toute sa vie proteste contre cette ridicule imputation.

(2) Le concile de Trente fut ouvert en 1545, avant que le cardinal fût en crédit. Il empêcha seulement la Cour de Rome de transporter le lieu de réunion en Italie. Le concile fut clos en 1563.

(3) Il faut lire : Qui mord, feignant de rire.

Celluy qui, pour couvrir ses desseins et ses
[armes,
S'en va, sifflant tout haut, danser avec les dames,
Qui dort les yeux ouverts et tremble en sa
[maison,

O France ! celluy-là desjà son frère égalle :
Il fait nouvel amas de gens (1) avec Aumale (2);
D'Amville (3) est son soufflet, et Nemours, son
[tison (4),

(1) Ce vers donne la date de cette pièce. La paix conclue en 1563 n'était pas sérieuse : elle n'avait satisfait personne. Les partis s'agitaient, et la Cour inquiète levait des troupes : les protestants voulurent alors encore une fois enlever Charles IX, qu'on venait de déclarer majeur, à l'influence du cardinal, et tentèrent le coup.

(2) Claude de Lorraine, II<sup>e</sup> du nom, duc d'Aumale, se distingua dans les guerres civiles par sa bravoure, et prit part au siége de Metz, aux batailles de Dreux, de Saint-Denys et de Montcontour. Il ne pardonna jamais aux protestants la mort de son frère le duc de Guise. Dans la nuit de la Saint-Barthélemy, il épargna les calvinistes dès qu'il eut appris la mort de Coligny, qu'il persistait à considérer comme le complice de Poltrot. Il mourut au siége de La Rochelle, en 1573.

(3) Henry de Montmorency : nous en avons déjà parlé.

(4) Jacques de Savoye, duc de Nemours, né en 1531, brave soldat et bon négociateur, colonel général de la cavalerie française. C'est lui qui ramena le baron des Adrets sous les drapeaux du roi. Lorsque les protestants voulurent enlever Charles IX à Meaux, Nemours, à la tête de la garde suisse, assura le retour du jeune roi dans Paris. Il combattit les reitres luthériens et mourut à Annecy, en 1585. Serviteur de Catherine de Médicis, ami des princes lorrains, il épousa la veuve du duc de Guise : voilà bien des raisons pour qu'il ait encouru les attaques des poètes calvinistes.

## AU CARDINAL.

### 1564-1570.

Pourroit-on bien trouver au monde un plus
[meschant (1),
Plus malheureux, plus fin et conduit de Satan,
Qui d'Antéchrist les loix sceut mieux estre pres-
[chant (2),
Que ce maudit, infect compaignon de Dathan (3),
Abiron et Choré, cardinal monstrueux ?
D'habit est cardinal, mais à Dieu est contraire;
Car il souille ses loix, estant incestueux (4),
D'avarice remply, qui de tous maux est mère ;
Suyvant ambition, faisant les saints mourir,
Qui confessent le nom du très-hault Dieu vi-
[vant.
O maudit cardinal! il te convient périr (5)!
Puisqu'à Dieu guerre fays, tousjours le pour-
[suyvant,

(1) Collection Rasse de Noeux, t. I, p. 13.

(2) Dans ce temps-là, les esprits forts ne s'en prenaient encore qu'à l'Antéchrist. — On s'en prendra plus tard au Christ.

(3) Dathan, Abiron et Coré, israélites engloutis dans un gouffre au milieu du désert, pour s'être opposés à l'élection d'Aaron au souverain pontificat.

(4) Nous avons expliqué déjà cette calomnie.

(5) Il n'y avait pas à dire, l'arrêt était rendu.

Combien qu'il t'ait donné la vérité cognoistre :
Tu pesches donc vrayment contre son saint
[Esprit.
Par quoy tu ne pourras devant lui comparoistre
Que pour damnation, ainsi qu'il est escrit (1).

(1) *Sic fata volunt.* — C'était écrit.—C'était même mis en vers, et en mauvais vers par les sybilles du calvinisme. — Les protestants n'y pouvaient rien. Ce que c'est que d'avoir le Destin dans ses intérêts.

# DISTIQUE

## DU CARDINAL DE LORRAINE.

### 1564-1570.

---

*Latin.*

Sera tue demon fortune meta levite (1)
Cede mine rumpant fage age te ne times.

*Français.*

Sera tué de mon fortuné métal évite
Ce demy Néron panfage agete, ne ty mets.

(1) Collection Rasse de Noeux, t. I, p. 19. — Le premier distique, donné pour du latin, n'a aucun sens.—Le second, présenté comme une traduction littérale en français, est un peu plus facile à comprendre : nous le reproduisons tel que l'ont conservé les manuscrits de Rasse de Nœux. Mais il nous semble qu'au lieu du dernier mot du premier vers,— *évite*, — il faut lire : *et vite* (c'est-à-dire bientôt).—*Panfage* est sans doute tiré du grec et veut dire *qui mange tout*. — Nous avouons ne pas très-bien saisir le sens des derniers mots. — Faut-il lire : *Ce demy Néron panfage à jeter*, c'est-à-dire, à précipiter en bas? — *Ne t'y mets* équivaudrait-il à une recommandation menaçante faite au cardinal et voulant dire : *Ne t'y frotte pas*? Dans ce distique, il est deux points qui ne font pas question : l'intention de l'auteur et son talent.

## DU SEIGNEUR DE CYPIERRE.

### 1564-1565.

Un turbulent, comme un tigre affamé (1),
A si mal fait, par sa cruelle rage,
Que le plus beau et excellent ouvrage
Que le roy eust, a esté diffamé (2).
C'est pour certain une chose bien vile
De faire un bourg d'une si bonne ville.
Qu'il garde bien son corps et puis son ame !

(1) *Mémoires de* CASTELNAU, édition de 1731, t. I, p. 511. — Ces vers furent faits après la mort du duc de Guise. Le premier signale à la haine publique le cardinal de Lorraine. Dans d'autres pièces non moins violentes, on lui donne le nom de tigre.

(2) Philibert de Marcilly, seigneur de Cypierre, gouverneur de Charles IX, fut chargé de désarmer la ville d'Orléans, de ruiner ses fortifications, et avec leurs débris, de bâtir une citadelle de taille à tenir les habitants en respect. — De là la colère des huguenots, qui se gardent bien de dire qu'avant d'évacuer Orléans, ils avaient saccagé ses églises. Cypierre mourut en 1565, avant d'avoir pu terminer sa mission. A son lit de mort, il fit dire à Charles IX qu'il ne pouvait s'acquitter mieux de l'honneur d'avoir été son gouverneur qu'en lui répétant que la division du royaume venait uniquement des querelles élevées entre les maisons de Guise, de Montmorency et de Châtillon, et qu'il fallait commencer par mettre à fin leurs guerres privées, si l'on voulait terminer la guerre générale.—VARILLAS, *Règne de Charles IX*, t. II, p. 37.

Force de bras rompt bien souvent la ramé,
Et le fort mur est miné par le lyerre (1).
Trois forts cailloux romperont bien six pier-
[res (2).

---

(1) Allusion menaçante aux armes du cardinal de Lorraine. — *Rame* signifie ici *branche*.

(2) Il est fâcheux qu'à ce joli jeu de mots se mêle une sombre menace de mort. Cette ingénieuse plaisanterie roule à la fois sur les armes de la ville d'Orléans et sur le mal qui finit par tuer Philibert de Marcilly, la gravelle. — MEZERAY, t. III, p. 156.

## DU CARDINAL DE LORRAINE.

## 1566-1574.

Charles, tout aussitost qu'en Court tu es
[venu (1),
Elle a soudainement senty ton arrivée (2),
De laquelle longtemps avoit esté privée,
A son très-grand prouffit, comme chascun a vu.

Contre les huguenots hayne tu as esmeu ;
Au fait des financiers grande faulte est trouvée ;
Encontre la justice as tu ruse esprouvée ;
Les officiers du roy ont ta venue cogneu (3).

Tu as cassé, changé les assignations,
Tu as fait rechercher les confiscations,
Soubs couleur d'enrichir le roy en son espargne ;

Puis, pour nous faire peur, tu nous viens me-
[nacer
Que le roy ne fera par la France passer

---

(1) Fonds Gaignières, n° 485, A B, f° 267.

(2) Allusion au voyage du cardinal à Paris, en 1565.

(3) Le cardinal était un intelligent ministre des finances : il les administrait avec Michel de l'Hospital. Mais réformez les abus, on vous jettera la pierre.

Les Espagnols conduits par Philippe d'Hespa-
[gne (1).

Mais penses-tu, caffard, nous pouvoir es-
[branler,
Or que toy et les tiens feront une alliance
Pour chasser l'Evangile au loing hors de la
[France,
Et dire que le roy nous fera tous brusler ?

Vos conspirations toutes s'en vont en l'air ;
Naguère en avons eu certaine expérience,
Quand Dieu nous a donné des tyrans déli-
[vrance (2),
Qui leur rage voulloyent de nostre sang saouller.

Car ton frère estant mort et renversé par
[terre,

---

(1) Par suite du traité de Cateau-Cambrésis (1559), Philippe II avait épousé Elisabeth de France, fille de Henry III. — Il se trouvait ainsi le beau-frère et l'allié des rois François II et Charles IX. Défenseur ardent du catholicisme, intéressé, d'ailleurs, à la défaite des protestants, qui menaçaient de lui ravir ses états du nord, il avait envoyé quelques troupes à sa belle-mère. Les compagnies espagnoles combattirent à Dreux; elles y firent face aux reitres allemands et luthériens. — Lors de la célèbre entrevue de Bayonne (1565), Catherine de Médicis et le duc d'Albe eurent de fréquentes conférences politiques pour resserrer les liens qui les unissaient. Les protestants crurent qu'on était convenu des mesures à prendre pour les exterminer. De là leur méfiance après la paix de Moulins. — De là bientôt une nouvelle guerre civile.

(2) Henri II, François II, Antoine de Bourbon et le duc de Guise.

En France incontinent cessa la dure guerre,
Que son ambition y avoit allumée.

Toy, qui suyvre le veux et la France trouble [*sic*] (1),
Bientost nous te verrons par la mort accabler,
Et tes meschans desseins s'en aller en fumée.

---

(1) Il faut lire, pour la rime et la mesure :—Et la France troubler.

## VAUDEVILLE D'ADVENTURIERS

#### CHANTÉ A POLTROT,

*Avec son anniversaire le 24 de Febvrier 1566.*
*De la delivrance le troisiesme.*

---

Allons, jeunes et vieux (1),
Revisiter le lieu
Auquel ce furieux (2)
Fut attrappé de Dieu,
Attrappé au milieu
Des gents de son armée,
Dont fut esteint le feu
De la guerre allumée.

Quel homme tant heureux
Dieu choisit pour cela !
Quel soldat généreux
Dedans son camp alla !
Tant se dissimula
Que, l'occasion prise,

---

(1) Collection de RASSE DE NOEUX, t. I, p. 268. — Cette pièce prouve que trois ans après la mort du duc de Guise, les huguenots célébraient encore l'anniversaire de son assassinat. La ténacité de leur haine égalait celle de leur aveuglement.

(2) Le duc de Guise.

Il exécuta là
Sa divine entreprise.

Ce fut cest Angoulmoys,
Cest unique Poltrot (1)
(Nostre parler françoys
N'a point un plus beau mot),
Sur qui tomba le lot
De retirer d'oppresse
Le peuple huguenot
En sa plus grand détresse.

Devant l'embrasement
De ce civil erreur,
Il avoit bravement
Résolu en son cœur
Que le plus grand honneur,
Que l'homme peust acquerre,
Seroit d'oster l'auteur
Et chef de ceste guerre.

Longtemps il tint secret
Ce qu'il en conspiroit,
Comme soldat discret,
Qui bien souvent avoit,
En hasardeux exploit,
Par diverses provinces,
Monstré comme il sçavoit
Bien servir à nos princes (2).

(1) Depuis, il y en a eu bien d'autres. — En aurait-il été de même, si l'on n'eût point glorifié le guet-à pens politique?

(2) Allusion au rôle d'espion militaire rempli par Poltrot dans la guerre de 1555.

Mais quelques mois passés,
Voyant croistre les maux,
Les pays oppressés,
Tous les bons en travaux :
— Il faut, dit-il tout hault,
Qu'en mourant je finisse
Tant de malheur ! Mieux vault
Que tout seul je périsse.

Avecques ce dessein,
Vers l'ennemi passé,
Il desguyse la fin
D'avoir les siens laissé,
Dont il fut caressé.
Puis après il ne pense
Qu'au point de son essay
Pour délivrer la France.

L'ennemy, quelque temps
En ung advis doubteux,
N'advance point ses gens :
Lors Poltrot parmi eux
De sçavoir est soigneux
Que l'on fait, où l'on tire,
Pour en advertir ceux
Dont le bien il désire.

L'ennemy, bien certain
De faire tant d'effort
Qu'il mettroit en sa main
Orléans, nostre fort,
Surprenant nostre port
Et nos flottes ensemble,

Juroit nous mettre à mort
Pour un dernier exemple.

Il prist si vistement
Nostre port et nos tours,
Qu'il dist avecq serment
Qu'il verroit dans trois jours,
Nous estant sans secours
Et près de sa secousse,
Si Dieu, nostre secours,
Viendroit à la rescousse (1).

Quand Poltrot l'entendit
Aussi horriblement
Blasphemer, il a dit :
— Je voy ton jugement,
Mon Dieu, sur ce meschant.
Si mon dessein t'agrée,
Donne-moy, Dieu puissant,
Ta constance asseurée.

Aussitôt dit, il part,
Il s'enquiert, il entend
Où est, de quelle part
Vient celluy qu'il attend.
Cependant, choisissant
Lieu pour son advantaige,
Le recognoist passant
Et le trousse au passage.

Voyez quel est l'estat

---

(1) Le duc de Guise, quand il fut tué, allait au-devant des négociateurs qu'il avait envoyés pour traiter de la paix.

De nous, pauvres humains !
Un seul hommet abat
Celuy qui en ses mains
Espéroit veoir les fins (1)
De l'Europe envahie.
Dieu trompe ses desseins
Et lui oste la vie.

Qui fit finir le temps
De nos jours malheureux,
Dont est dit tous les ans,
Poltrot, payants nos vœux,
L'exemple merveilleux
D'une extrèsme vaillance,
Le dixiesme des preux,
Libérateur de France (2) ?

---

(1) Les frontières, les dernières limites.

(2) Ce couplet donne la mesure de l'intelligence et du sens moral dans le parti calviniste. Au lieu de travailler à perpétuer la mémoire de ce crime fatal, il aurait dû s'efforcer de le faire oublier. Si ses refrains provocateurs n'avaient entretenu l'irritation de ses ennemis, peut-être n'aurait-on pas vu, quelques années plus tard, de terribles représailles ensanglanter Paris et souiller notre histoire.

## DE L'ARRIVÉE
### du
## CARDINAL DE LORRAINE A PARIS,
### Le 1ᵉʳ Mai 1566.

Charles n'osoit à Paris retourner (1),
Se souvenant de la belle journée,
Que contraint fut ses chausses embrener,
Quand en Janvier luy fut charge donnée.
Avecques luy la royne a amenée,
Et, en entrant, du roy se vint saisir.
Mais ce vilain, pensant à l'autre année,
Auprès du roy ne cessoit de vessir.

(1) Collection de RASSE DE NOEUX, t. I, p. 264. — Les poètes protestants touchent à tout, même aux chausses du cardinal. — Voici, au surplus, ce dont il s'agit. Au mois de Janvier 1565, Charles de Lorraine fut appelé par la Cour à Paris. Il était alors à Saint-Denys en France. Pour le mettre à l'abri des attentats dont les calvinistes le menaçaient sans cesse, le roi lui avait donné permission d'avoir une garde. Le cardinal se présenta donc à la porte Saint-Denys avec son frère le duc d'Aumale, son neveu le jeune duc de Guise, alors âgé de 15 ans, et quelques soldats. Mais le maréchal de Montmorency, fils du connétable, et d'ailleurs ennemi personnel des princes lorrains, exécutant à la lettre un nouvel édit défendant de porter des armes dans les villes, s'opposa nettement à cette entrée militaire. Le cardinal prétendit que le règlement ne le concernait pas, et passa outre. De là

tumultes, cris, menaces, et même collision. Pendant que le duc d'Aumale soutenait le choc de ses adversaires, le cardinal et son neveu se réfugièrent d'abord dans une maison particulière, puis, plus tard, dans l'hôtel de Cluny, où ils se tinrent enfermés pendant vingt-quatre heures. Le lendemain, le cardinal porta plainte, et le parlement finit par étouffer cette affaire en disant que de part et d'autre les torts étaient égaux. On parvint à Moulins, lors de l'assemblée des Etats, à rapprocher MM. de Guise et de Montmorency, mais la suite des évènements prouva que cette réconciliation n'était pas bien sérieuse.

C'est à la terreur que put avoir le cardinal dans cette mêlée que ce huitain fait allusion. Le discours du seigneur d'Aubray (*Satyre Ménippée*) dit un mot de cette aventure. — La *Légende du cardinal de Lorraine* raconte qu'en cette occasion il était si résolu que ses chausses lui servaient de bassin et son pourpoint de selle percée. — D'Aubigné s'est souvenu que, dès le soir, les ennemis de l'archevêque de Reims allèrent chanter sous ses fenêtres des couplets dont le refrain était :

Fi ! fi ! fi ! du cardinal.

Les vidangeurs portaient alors le nom de *maîtres fifi*. Le *Réveille-Matin des François* (1574, p. 104) parle aussi de cette chanson, qui resta populaire.

N. Boucher (*Conjonction des lettres et des armes*, p. 66-67) voit dans cette collision une attaque des protestants. Il raconte qu'après vingt-quatre heures de siége, le cardinal eut grand'peine à se sauver et à se retirer en Champagne ; il accuse Coligny de l'avoir poursuivi dans sa fuite.

Ce huitain fut fait probablement après la paix de Moulins (1566), lorsque l'assemblée des notables parvint à réconcilier pour quelque temps ces hommes dont l'ambition déchirait la France. Le crime impardonnable du cardinal était de continuer à jouir de la confiance de la reine, de rester le ministre du jeune roi.

## AU CARDINAL DE LORRAINE.

### 1564-1567.

---

Mais penses-tu, caffard, nous pouvoir estran-
[gler (1)
(Or que toy et les tiens facent une alliance
Pour chasser l'Evangile au loin hors de la
[France),
Et dire que le roy nous fera tous brusler ?

Vos conspirations toutes s'en vont en l'air :
Naguère en avons eu une certaine expérience,
Quand Dieu nous a donné des tyrans déli-
[vrance,
Qui leur rage vouloyent de nostre sang saouler.

Car ton frère estant mort et renversé par
[terre,

---

(1) Collection RASSE DE NOEUX, t. I, p. 267. — L'auteur de la *Conjonction des lettres et des armes* dit, au sujet des périls que courut maintes fois le cardinal : — « Qu'est-il besoin de réciter icy et de nombrer les algarades qu'on lui a faites, et les dangers auxquels il s'est veu, mesmement qu'il y en a si grand nombre qu'il est impossible de les nombrer, et vous mesmes les sçavez assez de fraische mé. moire. » Fol. 64, v°. — L'auteur, plus loin (fol. 66), raconte une tentative faite pour tuer le cardinal près de Dormans, le 25 Septembre 1567. Charles de Lorraine put s'échapper, mais ses équipages furent enlevés.

En France incontinent cessa la dure guerre
Que son ambition y avoit allumée.

Toy, qui suyvre le veux et la France trou-
[bler,
Bientost nous te verrons par la mort accabler
Et tes meschans desseins s'en aller en fumée.

## AU CARDINAL.

### 1564-1570.

Qu'as-tu, o Révérendissime (1),
A te plaindre et douloir si fort,
Disant que vouldrois estre mort ?
O ! des hippocrites le prince !

Voyant pauvre France à la cime
De tout malheur et desconfort,
Et qu'à toy seul en est le tort,
Dont chascun contre toy s'anime.

Mais veux-tu tout à coup, beau sire,
De tant de dagues t'exempter
Tirées par tout pour t'occire,

Et France hors de peine bouter,
Comme Judas, prens un licol
Et soudain te pen par le col.

(1) Collection RASSE DE NOEUX, t. I, p. 19. — Depuis la mort de son frère, le cardinal de Lorraine ne cessa d'être menacé par les calvinistes.— Son grand cœur en fut ému. Sans craindre la mort, il y songeait souvent, et fit d'avance préparer son tombeau derrière le maître-autel de la cathédrale de Reims. Rien n'est clair comme les 9e, 10e et 11e vers : ils justifient l'accusation portée par N. Boucher contre les protestants, d'avoir formé une association secrète pour assassiner le cardinal.

## SONNET

### CONTRE CHARLES DE LORRAINE,

ARCHEVÊQUE DE REIMS.

### 1570.

De fer, de feu, de sang, Mars, Vulcan, Tisy-
[phone,
Bastit, forgea, remplit l'ame, le cœur, la main
Du meurtrier, embraseur, du tyran inhumain,
Qui tue, brusle, perd la françoise couronne.

D'un Scythe, d'un Cyclope et d'un fier Les-
[trygone
La cruauté, l'ardeur et la sanglante faim
Qui l'anime, l'eschauffe et conduit son dessein,
Rien que fer, rien que feu, rien que sang ne
[résonne.

Puisse-t-il par le fer cruellement mourir,
Ou par le feu du ciel horriblement périr,
Et voir du sang des siens la terre estre arrousée !

Et soit rouillé, estaint, et séché par la paix,

Le fer, le feu, le sang cruel, ardent, espais,
Qui tue, ard et rougit la France dissipée (1).

(1) *La Légende du cardinal Ch. de Lorraine*. — Reims, J. Martin, 1576, fol. 114. — Ce violent sonnet fut publié à l'occasion de la guerre civile de 1570. On accusait le cardinal de fomenter la division des partis, pour les ruiner les uns par les autres et perpétuer son pouvoir. — Ces vers ne furent imprimés à Reims que deux ans après la mort du cardinal, qui mourut le 26 Décembre 1574.

SOTTO L'EFFIGIE

## DEL IMPIO CARDINALE D. L.

Sans date (1).

---

Fetente harpia, ingordo d'ogni malo (2)
Serpente velenoso, traditore,
Basilisco, scorpione infernale,

Crudel tyranno, di fe mancatore,
Nimico di te stesso e di Dio eterno (3),
Sentina d'ogni mal et d'ogni fetore,

Puzzolente carrogna dell' inferno,
Infernal boio, di incestuosi (4),

---

(1) Collection de RASSE DE NOEUX, t. I, p. 20. — Cette pièce, chef-d'œuvre de violence et de calomnie, n'a pas de date. Comme son titre l'indique, elle dut être placée au bas d'un des portraits du cardinal de Lorraine. L'italien, tel que l'écrit son auteur, ou peut-être tel que l'a reproduit le copiste, n'est rien moins que pur : comme nous ne voulons pas être accusé d'avoir altéré ce texte curieux, nous le donnons comme nous l'avons lu. Mais les notes suivantes indiquent les rectifications qui nous semblent nécessaires.

(2) Lisez : *male*.

(3) Ne faut-il pas lire : *di se stesso?*

(4) N'y a-t-il pas ici un mot de passé, comme *re*, *capo* : roi, chef des incestueux ?

Infasme, publicato sempiterno (1),

Delli tenari cappo avaritioso (2),
Ingordo Mida, insatiabil cuore,
De tutti ghysi guida malitioso (3),

D'ogni malitia luogho, gabatore,
Albergo d'ambitione et di vendetta,
D'invidia cappo et unico inventore,

Arrogante, simulatore et ipocrito,
Del Romano idolo gran ministero,
Senza Christo, infidele, atheista,

Sodomita, homicida egregio, tristo (4),
Diffamator di Dio et sua legge,
Error del mondo, maligno antechristo,

Oh Dio ! que fai tu, che non merge
Fiamme del ciel nel sangue perfido,
Che puo ne si da in Francese grege (5) ?

Che fatte, bellice, donc il vestro grido (6)?

---

(1) C'est-à-dire décrié à perpétuité, mis pour toujours au ban de l'opinion publique.
(2) Au lieu de *tenari*, ne doit-on pas lire *denari* ?
(3) Le mot *ghyzzi* est la traduction du nom de famille du cardinal, *Guise*.
(4) *Tristo* a ici le sens de misérable, scélérat.
(5) Au lieu de *Che puo*, nous proposons de lire : *Che piu*
(6) Au lieu de : *donc il*, le sens demande *del*.

E voi rapaci ludi, non armate (1)
I denti o lacerar si impio nido ?

Et voi, Satyri et Fauni, hor lasciate
Le nymphe in silve, et con veloce passo
L'inclito sangue francese seguitate (2).

Ogni uno stio alerta! ostia il passo (3)!
Ch'il suo nome ne s' aud' in terra (4)
Accio non prenda ardir, mover' piu passo.

Questo è colui, che rinovo la guerra (5),
Et ruppe la tregua, voi le sapete !
Hui pericoloso onda la vostra terra (6).

No di carta, o di pietra piu la mano
S'imbrutti la vendetta, ma di sangue (7) !
Hora si fatte! et non sia in vano !

Si prendi faccioli, il maligno angue (8),

---

(1) Lisez : *rapaci lupi, che non armate.*

(2) L'auteur, en excitant les Faunes à suivre la noblesse française, nous révèle sa nationalité : les gens d'outre-mont étaient dévoués au catholicisme, et par suite au cardinal.

(3) La fin de ce vers nous paraît altérée. Nous aimerions mieux : *vivo stia il passo !*

(4) Lisez : *ne s' ud' in terra !*

(5) Nous ne pouvons discuter ici cette accusation : l'histoire y répond.

(6) *Hui* n'est pas italien. — Au lieu de *onda,* on doit lire *andra.*

(7) Est-ce clair ?—Du verbe *imbruttorsi,* on a fait depuis *imbrattorsi,* se salir, se couvrir.

(8) Lisez *fascioli.*

Si squarti gli tenagli ! et poi nel fuogo
Se getti et consumi et li del angue
Sicuro non stia egli in nessuno luogo (1) !

(1) « Je ferois un volume entier de ce chapitre des libelles : mais il y en a un si grand nombre qui seroient plus injurieux à la France qu'à la mémoire du cardinal de Lorraine, pour les faussetés et pour les horreurs dont ils sont remplis. » — Des libelles publiés contre la maison de Guise. — *Mémoires de* CASTELNAU, édition de Le Laboureur, 1731, t. I, p. 398. —Nous ferons à la mémoire du cardinal de Lorraine l'honneur de ne pas discuter ces vers, et nous nous féliciterons de ce que les poètes protestants ont été réduits, pour composer ces imprécations homicides, à se servir d'une langue étrangère. La passion qui les a dictées n'avait pas de nom dans notre idiome, et jusqu'en 1560, nos pères avaient repoussé de leurs mœurs les fureurs de la *vendetta*. — Si, plus tard, il en fut autrement, à qui la faute ? La réponse à cette question est dans ce recueil.

# NOTE (Préface, page xiv).

L'ordre des jésuites fondé par Ignace de Loyola ne s'établit pas en France sans de grandes difficultés. Par lettres de Janvier 1550, Henry II avait autorisé ces Révérends Pères à fonder à Paris une communauté : mais le parlement et l'Université les empêchèrent de profiter de la permission royale. Dans leurs motifs d'opposition il n'est pas question de la redoutable théorie du tyrannicide.

Dix ans plus tard, le 12 Février 1560, le parlement reçut de nouveau l'injonction d'entériner les lettres de Janvier 1550 : il y répondit par un second refus, et ce ne fut qu'en 1561, par arrêt du mois de Février, qu'il enregistra l'ordonnance royale. Alors seulement la Compagnie de Jésus, peu de temps avant acceptée par l'assemblée du clergé tenue à Poissy, put enseigner et prêcher librement en France. La nécessité de résister aux envahissements du protestantisme avait fait tomber devant ses orateurs et ses professeurs les obstacles qui jusqu'alors les avaient arrêtés.

Les débuts de l'ordre furent modestes : c'est quinze ans plus tard, au moment où la Ligue se forma, qu'il fut assez fort pour jouer un rôle politique. Nous ne voulons pas ici faire son histoire, et nous ne cherchons qu'à prouver que les opinions reprochées à quelques-uns de ses membres en matière de tyrannicide sont postérieures en date aux évènements que nous avons racontés dans notre préface aux poésies, aux chansons que nous publions.

Nous avons relevé les noms des jésuites accusés d'avoir soutenu la théorie du meurtre politique : nous les donnons par ordre alphabétique ; nous y joignons le millésime de la naissance, celui de la mort de chacun de ces Pères ; nous indiquons l'année dans laquelle furent mises sous presse leurs premières publications, et l'on va voir que leurs théories, quelles qu'elles aient été, ne purent être pour rien dans les assassinats du président Minard, du maréchal de Saint-André, du duc de Guise.

AMICUS. — Il y eut deux jésuites de ce nom, et tous deux écrivains. — Francois Amicus, né en Italie en 1578, jésuite en 1596, mort en 1651, fit imprimer son premier ouvrage en 1637. — Barthélemy Amicus. né à Anzo, dans le royaume de Naples, mort en 1649, n'avait rien publié avant 1623.

BECANUS. — Deux jésuites illustrèrent ce nom. — Guillaume Van der Beke, surnommé *Becanus*, né en Belgique, en 1608, mort en 1663, n'avait rien imprimé avant 1636. — Martin Vanderbecck, aussi surnommé *Becanus*, né dans le Brabant, en 1561, mort en 1624. fit paraître ses premiers ouvrages en 1602. Adversaire infatigable des protestants, il fut l'objet de leurs attaques les plus énergiques.

BELLARMIN (ROBERT). — Né en 1542, en Toscane, mort en 1621, n'avait rien publié avant 1581. Il n'avait que vingt-et-un ans au plus quand le duc de Guise fut assassiné.

CASTRO (CHRISTOPHE). Né en Espagne, en 1551, jésuite seulement en 1569, mort en 1615. — Son premier ouvrage, publié en 1610, était une histoire de la Vierge.

CAUSSIN (NICOLAS). — Né à Troyes, en 1580, jésuite en 1606, mort en 1651, n'avait rien imprimé avant son éloge de Henry IV, imprimé en 1613.

COTON (PIERRE). — Né en Forez, en 1564, jésuite en 1583, confesseur de Henry IV, mort en 1626. Débuta en 1610 par une lettre où il prouvait que l'opinion de Mariana (V. ce nom) sur le tyrannicide n'était pas celle de la Compagnie de Jésus. — Dans cette lettre, il cite plusieurs jésuites qui ont enseigné qu'il n'est pas permis d'attenter à la vie des princes, quand même ils abuseraient de leur pouvoir, que cette doctrine est celle du professorat, et que leurs théologiens combattent l'opinion contraire. Si nous avons ici placé ce nom, c'est que l'auteur de *la Morale des Jésuites*

(Mans, 1669) le mêle à ceux des R. P., qu'il accuse de favoriser le tyrannicide. — Voyez cependant ci-après, au nom de *Santarelli*.

DELRIO (Martin-Antoine). — Né à Anvers, en 1551, jésuite en 1580, mort en 1608. — N'avait rien publié avant 1572.

DICASTILLO (Jean de). — Né à Naples, en 1585, mort en 1651, ne mit sous presse qu'en 1641 son *Traité de la justice et du droit*, premier de ses ouvrages.

ESCOBAR DE MENDOZA (Antoine). — Né en 1589, à Valladolid, mort en 1669. — Débuta par des poésies latines en 1613. — Ses premières publications de théologie ne virent pas le jour avant 1642.

GARASSE (François). — Né à Angoulême, en 1585, jésuite en 1601, mort en 1631, entra dans la carrière littéraire avec une élégie sur la mort de Henry IV, imprimée en 1611.

GRETZER (Jacques). — Né en Souabe, en 1562, jésuite en 1579, mort en 1614. — Publia, vers l'an 1600, son premier ouvrage de théologie.

HEISSIUS (Sébastien). — Né en 1571, jésuite en 1591, mort en 1614.

HEREAU (le P.). — Nous n'avons pas trouvé la date de sa naissance ; mais il professait vers l'an 1650, c'est-à-dire près de quatre-vingt-dix ans après la mort du duc de Guise.

LEMOYNE (Pierre). — Né à Chaumont-en-Bassigny, en 1602, mort en 1674. Le premier ouvrage qu'il offrit au public fut le *Triomphe de Louis XIII*, imprimé à Reims, en 1629.

LESSIUS (Léonard), dont le vrai nom est *Leys*, né près d'Anvers, en 1554, novice en 1574, — mettait sous presse son premier ouvrage de théologie en 1606.

MARIANA (Jean). — Né près de Tolède, en 1537, jésuite en 1554, professeur à Rome en 1561, ne vint à Paris qu'en 1563. Il y expliqua la doctrine de saint Thomas en présence d'un nombreux auditoire. Mais on remarquera que l'assassinat du duc de Guise avait eu lieu dès le mois de Février de cette année. Donc l'opinion de ce Père en matière de tyrannicide, en supposant qu'il l'ait développée dans Paris, ne pouvait influer en rien sur celle des calvinistes. Son livre de *Rege et Regis Institutione*, où se trouvent les propositions étranges qui firent le malheur de son ordre, ne parut qu'en 1599. C'est à Tolède qu'il fut imprimé. Immédiatement désavoué par les jésuites, condamné par le parlement de Paris, supprimé même en Espagne, il ne fut plus réimprimé d'une manière complète. — Est-il une corporation qui puisse se vanter de n'avoir jamais renfermé dans son sein un esprit faux, un insensé?

MOLINA (Louis). — Né en Espagne, en 1535, jésuite en 1553, mort en 1600. Ses premiers volumes virent le jour en 1588.

SA ou SAA (Emmanuel). — Né en Portugal, en 1530, mort en 1596. — Ses ouvrages ne furent publiés qu'en 1595 ou 1596.

SALAZ (Jean de). — Né en 1553, en Espagne, jésuite en 1569, mourut en 1612.

SANCHEZ. — Deux P. jésuites ont illustré ce nom. L'un, Gaspard Sanchez, né en 1544, novice en 1571, mort en 1628, fit paraitre sa première publication en 1602. — L'autre, Thomas Sanchez, né en Espagne, en 1550, n'avait que treize ans en 1563. Il mourut en 1610.

SANTARELLI (Antoine). — Né en Italie, en 1569, jésuite en 1586, mort en 1649. Les propositions qui lui sont reprochées ne furent imprimées qu'en 1625. C'est pour avoir dit que les opinions de ce Père en fait de tyrannicide, condamnables en France, pouvaient être bonnes en Italie, que le P. Coton est rangé parmi les fauteurs de cette doctrine erronée.

SUAREZ (François). — Né en Espagne, en 1548, novice en 1564, mort en 1617. Ses travaux sur saint Thomas furent imprimés en 1592.

TANNER. — Deux jésuites ont donné à ce nom une certaine célébrité. — L'un, Adam Tanner, né en 1572, novice en 1590, mourut en 1633. Il n'avait rien publié avant 1599. — L'autre, Mathias Tanner, naquit en 1630.

TOLET (François). — Né à Cordoue, en 1532, mort en

1596, professeur de philosophie à Rome. Ses premiers ouvrages imprimés furent des études sur Aristote : ils parurent en 1561. Mais le travail qui provoqua les attaques des ennemis de son ordre, *Summa conscientiæ*, ne fut édité qu'après sa mort, en 1618.—Tolet fut, d'ailleurs, cardinal; le conseiller intime de sept papes, et l'ami sincère de Henry IV. En apprenant sa mort, ce prince lui fit faire un service solennel.

VALENTIA (Gregorio). — Né en Espagne, en 1557, novice en 1565, mort en 1603, fit paraître en 1574 son premier travail intitulé *de la Prédestination*. Ses études sur saint Thomas, bases des accusations dirigées contre lui, ne parurent qu'en 1591.

VASQUEZ. — Deux jésuites écrivains ont porté ce nom. — Michel Vasquez de Padilla, né à Séville, en 1559, novice en 1572, mort en 1624. N'avait rien publié avant 1617. — Gabriel Vasquez, né en Espagne, en 1551, mourut en 1604. — Il n'avait que treize ans quand Poltrot tua le duc de Guise.

De ces trente-et-un théologiens accusés de théories favorables au meurtre politique, douze n'étaient pas nés quand fut commis l'assassinat de François de Lorraine, seize étaient alors enfants ou trop jeunes pour que l'on s'inquiétât de leurs opinions ; trois seulement, en 1563, étaient arrivés à l'âge où l'on peut demander aux hommes compte de leurs paroles, un Italien, le cardinal Tolet, deux Espagnols, Molina et Mariana ; mais, nous l'avons dit, l'apparition de leurs œuvres est postérieure à l'attentat perpétré sous les murs d'Orléans.

Les théories de ces enfants perdus du libéralisme ne peuvent être ici discutées. Différentes entre elles par des nuances, des distinctions, des réserves, elles forment cependant deux systèmes nettement séparés.

Suivant l'un des deux, les citoyens investis de l'autorité publique ont le droit de juger les tyrans et les princes, le droit de les condamner à mort. Cette doctrine est celle de Molina.

Le second groupe d'opinions favorables au tyrannicide a pour chef Mariana : son système est la sauvegarde du fanatisme. La folie individuelle, le libéralisme exalté, l'esprit de révolution, le mépris des lois divines et humaines y trouvent leur apologie. Le casuiste espagnol avance cette thèse : — Celui qui, pour satisfaire au vœu public, tue un tyran, fait une belle et bonne action. — Dans son traité, *De Rege et Regis Institutione*, — publié pour la première fois en 1599, — trente-trois ans après le crime de Poltrot, — il développe cette doctrine insensée; il en fait l'application en vantant comme une action héroïque le meurtre commis par Jacques Clément sur la personne de Henry III, le 1er Août 1589, c'est-à-dire vingt-six ans après la mort du duc de Guise. Rien ne peut excuser cette défaillance du sens commun, du sens moral, pas même l'exemple.

Les doctrines qui ont mis le pistolet à la main du sieur de Merey, les poésies immorales rimées en son honneur par les gens de lettres huguenots, ont servi de thème au jésuite espagnol.

Que le souvenir en reste comme le monument élevé par les hommes aux égarements de la faiblesse humaine ; qu'elles montrent à quels dangers sont condamnés ceux qui voguent sur la mer de ce monde sans la boussole de la foi ; qu'elles signalent le gouffre où vont tour-à-tour s'engloutir ceux qui délaissent la voie des bonnes traditions, ceux qui secouent le joug des commandements divins et se donnent licence de les soumettre aux interprétations de leur fantaisie, de leurs passions les plus effrénées.

Ce n'est pas la tyrannie qu'ont tuée les huguenots de 1563, les marianistes de 1589, mais la loi. Ce n'est pas tout : leurs disciples les ont dépassés. De génération en génération, ils sont sortis des cadres posés par les casuistes les moins sévères, les théologiens les plus libéraux.

Un jour, la nation, pénétrée de tous les principes du Décalogue, de ceux de l'Evangile, ouvrant enfin l'oreille à la voix de la conscience, à celle du bon sens, prendra pour devise cette vieille maxime : *Lex, populi suprema salus.*

Oui, mais la loi pour tous et pour chacun, pour les citoyens et pour le prince : alors seulement on pourra dire : Il n'y aura plus qu'un seul troupeau et qu'un seul pasteur.

# TABLE DES MATIÈRES.

|  | Pages |
|---|---|
| Préface . . . . . . . . . . . | v |
| Anagrammes du nom du cardinal Charles de Lorraine (1547-1574). . . . . . . . | 3 |
| Sonnet contre le cardinal (1547-1570) . . . | 6 |
| Anagramme du nom du cardinal Charles de Lorraine (1547-1574). . . . . . . . | 8 |
| De la Devise du cardinal (1547-1574) . . . | 9 |
| Anagramme de la devise du cardinal de Lorraine (1547-1574) . . . . . . . . . | 11 |
| La Devise du cardinal de Lorraine (1547-1574). | 12 |
| Estreines aux deux frères (1555-1563) . . . | 14 |
| Aux Papistes (1556-1560). . . . . . . | 15 |
| Menace de mort contre le cardinal (1559) . . | 17 |
| Complainte de la France (1559). . . . . | 19 |

|  | Pages |
|---|---|
| Aux Lorrains (1559-1562) | 20 |
| Du Cardinal (1559-1574). | 21 |
| De François de Lorraine, duc de Guyse (1559-1562) | 22 |
| De luy-mesme | 22 |
| Des Lorrains (1560) | 24 |
| Au Duc de Guyse (1559-1562) | 25 |
| Cantique solemnel de l'Eglise d'Orléans, sur la délivrance que Dieu feit de son peuple le cinquiesme Décembre 1560, sur le chant du pseaume LXXIIII : *Or peult bien dire Israël* (1560) | 27 |
| Au Lecteur | 29 |
| Du Cardinal (1550-1570) | 30 |
| Du rouge Renard (1557-1574) | 31 |
| Du Cardinal (1559) | 32 |
| Du Cardinal de Lorraine (1559-1560) | 33 |
| Sonnet sur ces deux versets du MAGNIFICAT : *Fecit potentiam* et *Deposuit potentes*, contre les tyrans de la France (1560). | 34 |
| Sonnet au roi sur les ordres du pape donnés à MM. de Dampville et de Montluc | 36 |
| Au Cardinal (1560-1564). | 38 |
| Echo sur l'adieu du cardinal de Lorraine, archevêque de Reims (1561) | 39 |
| Estreines au cardinal (1561). | 41 |
| Cantique sur le psaume XXXV (1561) | 42 |
| Chanson spirituelle (1560-1562). | 45 |

|   | Pages |
|---|---|
| De l'Alliance faicte entre le roy et le cardinal (1561). | 49 |
| Menace de mort contre le cardinal de Lorraine (1561) | 51 |
| D'Antoine de Bourbon, roi de Navarre (1561). | 53 |
| Chanson nouvelle contenant la forme et manière de dire la messe, sur le chant : *Hari, hari, l'asne*, etc. (1562). | 58 |
| Le Massacre de Vassy (Mars 1562). | 63 |
| Ode en manière d'écho. | 71 |
| *De tribus Civitatibus puræ religioni infestissimis* (1562). | 74 |
| Du Duc de Guise (Mars 1562). | 75 |
| Sonnet du duc de Guise (1562). | 77 |
| Psaume LXXIX : *Dum venerunt gentes* (1562). | 79 |
| La Commémoration du massacre de Vassy (1562-1563). | 82 |
| Des Seigneurs de Chastillon (29 Décembre 1562). | 83 |
| Le Chant de la guerre civile sur l'association et prise des armes (1562). | 85 |
| Cantique sur la mort des tyrans. Sur le chant du psaume XLII (1563). | 91 |
| Au Cardinal, avant le concile de Trente (1562). | 97 |
| Le Sonnet de Dieu aux catholiques (1562). | 100 |
| Des Papaux (1562-1563). | 102 |
| De la Mort du duc de Guise (1563-1564). | 103 |
| Réponse au sonnet précédent par imitation. | 104 |

|  | Pages |
|---|---|
| Conséquences de la mort du duc de Guise (1563) | 106 |
| *De Guysio et Mœreo* (1563) | 108 |
| Eloge de Merey (1563-1564) | 110 |
| *De Meroco Antistrophe* (1563) | 112 |
| Le bon Merey (1563-1564) | 113 |
| *Ænigma de Guisio et Merœo* (1563-1564) | 115 |
| Les Funérailles du duc de Guise (21 Mars 1563) | 116 |
| *Francisci. Lotarem. Epitafion* | 119 |
| L'Epitaphe du duc de Guyse (Mars 1563) | 120 |
| Epitaphe du duc de Guyse (1563) | 122 |
| De luy encore | 122 |
| L'Epitaphe de François de Lorraine, duc de Guise (1564) | 123 |
| Du Duc de Guyse (1563) | 125 |
| Du Duc de Guyse (1563) | 126 |
| *De Morte Guysii* (Mars 1563) | 127 |
| Aux Parisiens et à ceux de leur ligue sur la mort de François, duc de Guyse (1563) | 129 |
| La Chanson du Petit-Homme et des cocus de Paris (1563) | 131 |
| Du Duc de Guyse (1563-1564) | 135 |
| Les quatre Tyrans gaulois (1563) | 136 |
| Epigramme (1563) | 139 |
| *De Morte Guisii* (1563) | 141 |
| *De Guysio* (1563) | 142 |

|  | Pages |
|---|---|
| Du Supplice de Poltrot de Merey (1563). | 143 |
| De Poltrot (1563). | 146 |
| Eloge de Poltrot (1563-1564) | 149 |
| L'Epitaphe de Poltrot de Merey (1563-1564) | 150 |
| Louange de la main de Poltrot (1563) | 152 |
| Distique contre les Guisards (1563-1564) | 155 |
| Au Cardinal (1563-1564) | 156 |
| Du Cardinal de Lorraine retourné du concile (1563) | 158 |
| Sous l'Effigie du cardinal | 161 |
| Des Bénéfices de l'archevêque de Reims (1563-1564) | 163 |
| Acrostiche en forme de sonnet (1563-1564). | 164 |
| Au Cardinal (1563-1574) | 166 |
| Assassinat du duc de Guise raconté par un protestant, à l'occasion de son anniversaire (Février 1564). | 167 |
| Echo sur la guerre civile de France. — Provocation au meurtre du cardinal de Lorraine (1564-1570) | 171 |
| Du Cardinal (1564-1565). | 173 |
| Au Cardinal (1564-1570) | 175 |
| Distique du cardinal de Lorraine (1564-1570) | 177 |
| Du Seigneur de Cypierre (1564-1565). | 178 |
| Du Cardinal de Lorraine (1566-1574) | 180 |
| Vaudeville d'adventuriers chanté à Poltrot, avec son anniversaire le 24 de Febvrier 1566. De la délivrance le troisiesme | 183 |

|  | Pages |
|---|---|
| De l'Arrivée du cardinal de Lorraine à Paris, le 1er Mai 1566 . . . . . . . . . . . | 188 |
| Au Cardinal de Lorraine (1564-1567) . . . | 190 |
| Au Cardinal (1564-1570) . . . . . . . | 192 |
| Sonnet contre Charles de Lorraine, archevêque de Reims (1570) . . . . . . . . . . | 193 |
| Sotto l'Effigie del impio cardinale D. L. (sans date) . . . . . . . . . . . . | 195 |
| Note . . . . . . . . . . . . . . | 199 |

Reims, Imp. de P. Dubois et Cie, rue Pluche, 24.

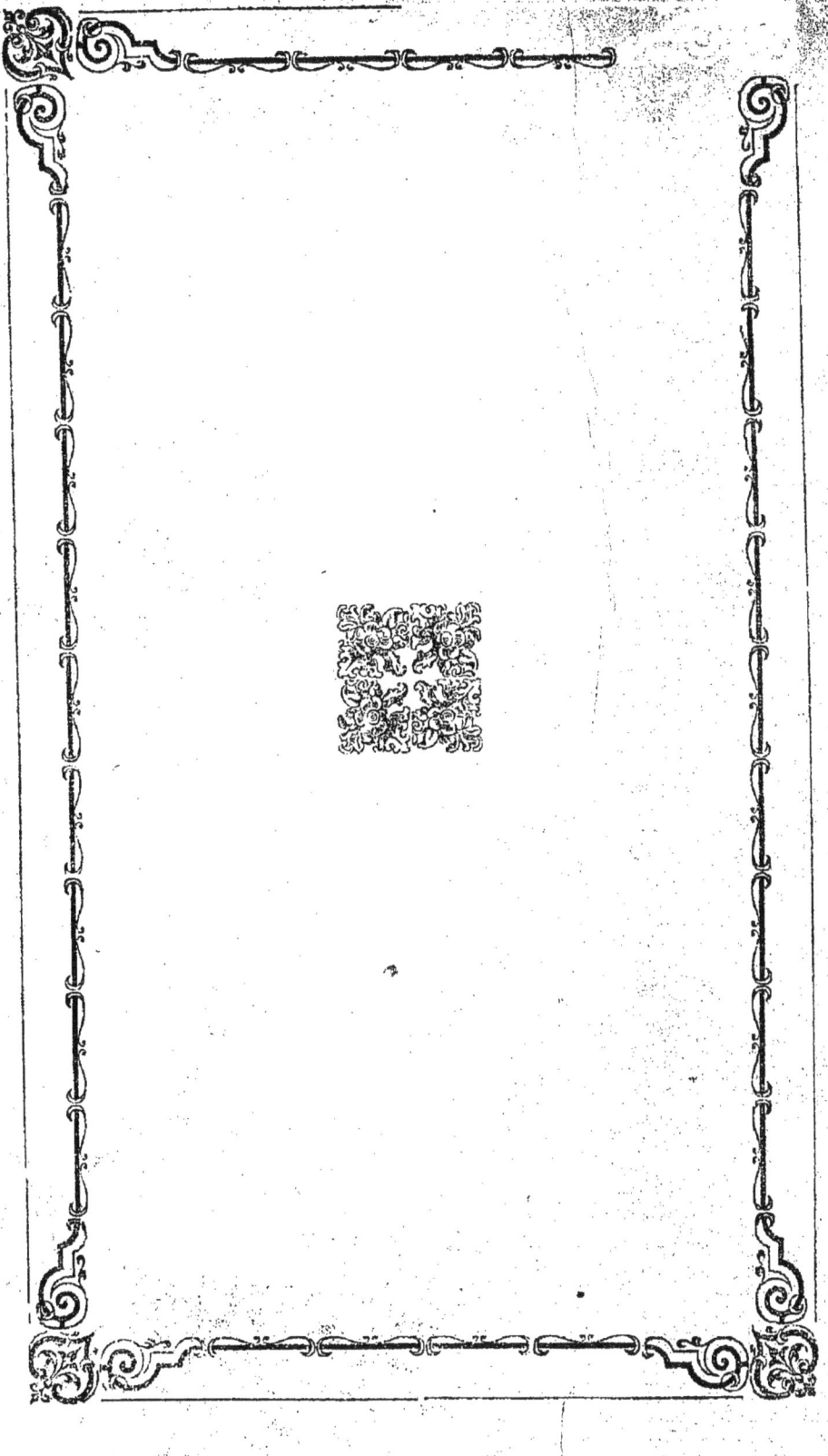

www.ingramcontent.com/pod-product-compliance
Lightning Source LLC
Chambersburg PA
CBHW062230180426
43200CB00035B/1521